Encarcelado a los 13
Memorias de la vida en una prisión de máxima seguridad

Robert Clark

Wagoner Oklahoma

Derechos de autor © 2019 Robert Clark

Traducido del inglés, 2025

Todos los derechos reservados. Ninguna parte de este libro puede ser reproducida, transmitida o almacenada en ninguna forma ni por ningún medio —electrónico, mecánico o de otro tipo— sin el permiso previo por escrito del editor, salvo lo autorizado por la ley.

Portada por Steve Ingram
cascademountainphotography@gmail.com

ISBN: 978-1-947035-63-8

Publicado por AZ Literary Press
un sello de AZ Entertainment Group, LLC

Para consultas, incluyendo pedidos al por mayor, comuníquese con:
AZ Entertainment Group LLC
PO BOX 854
Wagoner, OK 74477-0854
Correo electrónico: info@az-entertainmentllc.com
Sitio web: www.az-entertainmentllc.com

Impreso en los Estados Unidos de América

Para todos los prisioneros que luchan por sobrevivir al confinamiento de la prisión. Que la paz sea con ellos siempre.

Dedicatorias

Dedico este libro a mi amorosa madre, Joan, a mi hermano, Bill, y a mi mejor amigo y hermano, Noble Johnson.

Prólogo a la segunda edición

Hay historias que exigen ser contadas — historias que, al ser escuchadas, dejan una huella innegable en el corazón y la mente. *Imprisoned at 13* es una de esas historias. Las memorias de Robert Clark no son solo el relato de la experiencia de un hombre dentro del sistema penitenciario; son un testimonio de un sistema defectuoso y fallido — uno que almacena individuos en lugar de rehabilitarlos, uno que perpetúa ciclos de sufrimiento en vez de ofrecer un camino hacia adelante.

Bob era solo un niño — tenía trece años cuando fue sentenciado a lo que se suponía serían cuatro meses en una Escuela Estatal de Formación para jóvenes problemáticos. En cambio, se encontró encerrado dentro de las paredes de una prisión de máxima seguridad, olvidado por el sistema que lo puso allí. Sin orientación, sin escape, sin rehabilitación — solo otro caso sin nombre, solo otro número en un sistema que no se preocupaba si alguna vez salía. Su condena de cuatro meses se convirtió en una vida tras los muros, separándolo de una sociedad que nunca conocería ni experimentaría verdaderamente.

Bob no era un chico malo. Era un niño lanzado a

un mundo que no entendía, puesto en una situación que no podía controlar, y llevado a creer que no había otra salida. Nunca tuvo la oportunidad de ser un adolescente, nunca tuvo la oportunidad de crecer en el mundo fuera de esos muros. Su historia no es un llamado a la compasión — es una verdad innegable sobre lo que sucede cuando la justicia falla y cuando la rehabilitación es reemplazada por el abandono sistémico.

Lo que hace *Imprisoned at 13* tan poderoso es que Bob no está solo. Su historia resuena con las experiencias de innumerables personas — a través de líneas raciales, de género y socioeconómicas — que han sido engullidas por el sistema, a menudo olvidadas, y dejadas sin manera de recuperar sus vidas. Y, sin embargo, a través de estas páginas, Bob hace lo que tantos no pueden — habla.

Este libro es para quienes buscan entender la situación del preso, para quienes se preocupan por la reforma de la justicia, y para quienes creen en el poder del conocimiento para generar cambio. El sistema de justicia, tal como está, no sirve a las personas que contiene. Pero el cambio solo ocurre cuando la gente conoce la verdad y se niega a guardar silencio.

Las palabras de Bob contienen esa verdad. AZ Literary Press se honra en presentar esta segunda edición a nuevos lectores para que su voz no se pierda entre la multitud de libros que no logran captar la cruda realidad del encarcelamiento. Que este libro ayude a amplificar esa verdad.

Richard Leighland, Editor, 2025

Prólogo

Estoy escribiendo esta introducción con la esperanza de dar a conocer una historia muy especial sobre un amigo mío a quien he llegado a conocer muy bien. Yo también estoy encarcelado y soy compañero de celda de Bob Clark. Hemos sido compañeros de celda por un total de dieciocho años. Bob fue encerrado a la edad de trece años. El año era 1968. Fue sentenciado a cuatro meses en la Escuela Estatal de Formación para Jóvenes Problemáticos en Kearney, Nebraska. El cargo fue vandalismo. Poco sabía Bob que nunca volvería a ser libre.

Después de llegar a esta prisión juvenil, Bob tuvo algunos problemas de adaptación que lo llevaron a fugarse varias veces. Esto provocó que fuera enviado a una prisión de máxima seguridad para adultos a la edad de catorce años. Desde entonces ha estado en prisión. Como un joven asustado, convirtió una condena de cuatro meses en una sentencia de 222 años. Esto fue resultado de una serie de agresiones y apuñalamientos en prisión, tanto contra el personal como contra otros internos. Era un niño que fue enviado a una prisión violenta para adultos a los catorce años. Luchó por su honor y por su vida. Esta es la historia de un niño que creció en un entorno pobre y en una familia disfuncional. Este niño creció aterrorizado por la violencia, al ser testigo de las palizas que su padre le daba a su madre. Este libro explicará cómo un niño que tenía miedo a la violencia antes de ser encerrado, se convirtió en uno de los presos más violentos del sistema penitenciario de Nebraska. Bob lleva más de cincuenta años encerrado mientras se escribe esto. Desde los trece años hasta sus actuales sesenta y cuatro. Nunca ha tenido una relación con una mujer, nunca ha ido a un centro comercial, nunca ha ido a un restaurante, no sabe nada de coches ni camiones. Toda la tecnología — teléfonos celulares, cámaras, tabletas, etc. — le ha pasado de largo. Nunca ha vivido en la sociedad. Más de cincuenta años.

Esperamos que esta historia, de alguna manera, llegue a los jóvenes de la sociedad o a los jóvenes en prisión que piensan que, por haber cometido un delito menor o no violento, podrán burlar al sistema y salir libres. Esta historia demostrará que eso no siempre es cierto. Bob pasó de un delito no violento a la violencia en prisión, lo que le costó la libertad de por vida. Después de años de violencia y confinamiento solitario en Nebraska, Bob fue trasladado a la prisión estatal de Lansing, Kansas. Allí fue donde lo conocí.

Bob desea compartir su historia de vida con todos los que quieran escuchar. Ojalá aprendan a no cometer los errores que él cometió. La vida de Bob ha tenido altibajos. Todavía está en proceso, adaptándose desde la prisión de los años 60 hasta los cambios de hoy, 2018. A pesar de todos los años de hostilidad y negatividad en prisión, sigue intentando mantenerse positivo. Se educa, trabaja y se preocupa lo suficiente por la juventud de hoy. Solo quiere llegar a todos los que quieran escuchar su mensaje. Ha sido un verdadero y gran amigo y hermano para mí. Rezo para que todos lean esto, tanto dentro como fuera.

Noble Johnson, 2018

Table of Contents

Dedicatorias...v

Prólogo a la segunda edición................................vii

Prólogo..ix

Introducción...17

Capítulo 1 ¿Qué es la vida en prisión?..................19

Capítulo 2 ¿Existe una solución?............................21

Capítulo 3 Madre...23

Capítulo 4 Jungla..27

Capítulo 5 El debate entre convictos e internos..............33

Capítulo 6 Cared Straight 1995-1996....................37

Capítulo 7 Primera infancia....................................45

Capítulo 8 Centro juvenil..55

Capítulo 9 Escuela de entrenamiento para niños............63

Capítulo 10 Reformatorio estatal...........................71

Capítulo 11 La Gran Casa..81

Capítulo 12 Racismo en la prisión.......................107

Capítulo 13 El sistema legal..................................113

Capítulo 14 Almacenamiento de los ancianos, prisionero de largo plazo..127

Capítulo 15 La amistad...159

Capítulo 16 Disculpa a las víctimas y sus familias..........169

Capítulo 17 Religión en la prisión.......................171

Encarcelado a los 13

Introducción

Supongo que el punto de inflexión de estos escritos comenzó cuando vi a mi padre arrestado y enviado a prisión. Creo que eso influyó en mi vida desde muy temprana edad. Provocó una actitud que empeoró con el tiempo. Una situación que pasó de mala a peor. Luego escaló hasta lo peor de lo peor. Desarrollé una cicatriz emocional a causa de esto. Se trasladó al comienzo de los aspectos criminales de mi vida. Cuando un joven es colocado en un ambiente negativo y hostil, como estas escuelas de delincuencia, este es el resultado final. Cuando entras en una prisión de máxima seguridad para adultos a los catorce años, desarrollas una personalidad antisocial, causada también por el miedo y el odio.

Me quedé atrapado en esta red de violencia durante años y años y no pude escapar antes de que fuera demasiado tarde. Había caído tan profundo en el pozo que ni la distancia estaría cerca. Todavía lucho a diario para mantenerme enfocado y convertir lo que hice en el pasado en algo positivo, a menos que aparezca un milagro. Pero a pesar de mi situación, seguiré siendo optimista y animado. Antes de que todo esto termine, encontraré la paz conmigo mismo. Realmente no sé qué depara el futuro, pero no puede ser peor. Así que estaré bien.

Capítulo 1
¿Qué es la vida en prisión?

La vida en prisión. La describiría como estar en un mundo de lástima y autocompasión. Los estados de ánimo de todos, tanto el personal como los internos, son de ira y amargura. Tal vez un poco de humor ocasionalmente. La prisión es tan aburrida: ruido constante, zumbidos y campanas, el golpe repetido de las puertas, el clic de los candados. Es una prueba diaria de paciencia. Es un falso pensamiento de esperanza, vida y amor. Es un camino hacia la miseria y, sobre todo, al sentimiento de autocompasión. El estruendo de radios a todo volumen o el parloteo sin sentido de los presos.

Es esperar a que un guardia entregue el correo de alguien que esperas no te haya olvidado. Un recuerdo que tienes de un ser querido que nunca olvidarás. La fantasía de la libertad que olvidarás. La prisión es ver cómo el mundo pasa mientras tu mente permanece inmóvil. La realidad en prisión es despertarte cada día y descubrir que la comida está fría y no tiene sabor. ¡Y ni hablar de que no tiene olor!

La realidad es estar enfermo y que a nadie le importe. La realidad es un registro del "escuadrón de requisa", que está en misiones de búsqueda y destrucción. Siempre confiscan lo más pequeño para destruir tu zona de confort. Es memorizar tu número de preso y olvidar que tienes un nombre. Limpiar tu ropa cuando no hay dónde ir. No hay nada más desgarrador que despertar en una jaula de prisión para empezar tu día. Cada día mueres un poco más pronto. La prisión es un recordatorio de la pérdida de la libertad a través de todas las cosas que damos por sentadas. Como extrañar a tu familia, o sentarte en el porche a sentir una brisa fresca. Contrasta esto con asfixiarte en una celda diminuta con calor y humedad sofocantes. Es como si la celda se convirtiera en el pequeño infierno de un hombre. En el mundo de jaulas de hierro, reglas, números de prisión, noches solitarias sin compañía femenina, ¿seré alguna vez capaz de dejar esta vida atrás? Probablemente no. Estaré condenado a una muerte en vida. El entumecimiento, el aburrimiento, el hacinamiento, el ruido, el odio, la violencia diaria de la prisión. Mis facultades mentales y emocionales colapsan a veces, pero siempre regresan para hacerme saber que la pesadilla sigue viva.

Capítulo 2
¿Existe una solución?

La sociedad siempre necesitará algún tipo de sistema para protegerse de personas violentas. Pero solo cuando sea necesario se debe encarcelar a un individuo. Cuando el encarcelamiento de una persona sea necesario para la protección de la sociedad, el castigo debería ser más corto que la duración promedio de las sentencias bajo el sistema actual. Incluso entonces, el encarcelamiento debería permitir que los presos mantengan su dignidad humana y respeto propio. Para lograr esto, estoy de acuerdo en eliminar el sistema de sentencia indeterminada. La junta de libertad condicional debería ser abolida. Esto eliminaría gran parte del favoritismo y abuso que el sistema penitenciario sigue actualmente. Se debería instaurar un sistema de sentencia fija con reducción de tiempo por buen comportamiento. Aunque un sistema de sentencias fijas no es perfecto, evitaría mucha de la confusión del sistema actual, como la ausencia de debido proceso legal y la doble persecución que resulta de multas judiciales frívolas. También evitaría la crueldad mental de sentencias largas e inciertas. Además, las grandes prisiones aisladas de los estados deberían ser reemplazadas por prisiones más pequeñas. Estas prisiones pequeñas deberían ubicarse en ciudades, en el mundo real de las calles.

El aislamiento de los presos debe evitarse cuando sea posible. Estas pequeñas prisiones comunitarias deberían centrar sus esfuerzos de rehabilitación principalmente en la capacitación laboral y la educación básica. De esta manera, cuando y si un hombre elige y finalmente decide intentar vivir legalmente, tendrá algunas habilidades y calificaciones para emplearse. Por su tamaño y ubicación, estas prisiones tendrán más éxito que las prisiones actuales. Las prisiones están protegidas del escrutinio público. Hay una discrepancia entre la imagen presentada al público y los hechos conocidos por los que están dentro. El sistema penitenciario debería abrirse a la mirada de los externos. El público debe conocer la realidad detrás de esos muros si se quiere que existan críticas válidas e ideas para el cambio.

Capítulo 3
Madre

Todo siempre empieza con las madres. La mía me amaba mucho. Desde temprano fingía mucho con mamá sobre la vida, las cosas que eran reales y su miedo a que yo fracasara en la vida. Mi mamá nació en Omaha, Nebraska. Fue una de dos hijos. Creció pobre y con dificultades, como la mayoría. Después de que sus padres se separaron, tuvo que decidir dónde viviría — con su padre o con su madre. Decidió valerse por sí misma. En ese momento solo tenía quince años. ¡Ahora aprendería lo que es luchar! Conoció a mi padre unos años después, y luego nací yo, el 1 de agosto de 1954. Siempre quiso lo mejor para mí. Pero no siempre fue así. Fui uno de ocho hijos.

Mi papá casi nunca estaba, así que la vida fue dura para nosotros económicamente y emocionalmente. Él era más un chico de la calle que un proveedor para la familia. Lo enviaron a prisión y mamá se quedó con ocho niños y sin dinero. Esto llevó a que algunos de mis hermanos y hermanas fueran separados mediante adopción. Yo, uno de mis hermanos, Bill, y mi hermana, Debby, nos quedamos con mamá. Ella hizo lo mejor que pudo dadas las circunstancias. Hacía lo necesario para mantenernos alimentados y vestidos. En un momento tuvo que robar en tiendas para cubrir nuestras necesidades. Robaba zapatos y comida para nosotros en tiempos muy difíciles.

Desde niño llevaba una doble vida. La que vivía en casa y la que vivía en la calle. De vez en cuando me atrapaban en algo y mamá me regañaba para que hiciera lo correcto. Me escapé varias veces, pero siempre volvía pronto a casa. Más o menos hacía lo que quería. Cuando tenía que dar explicaciones, usualmente mentía.

Vivimos un tiempo en Long Beach, California. Me encantaba estar allí, pero mamá extrañaba Omaha, así que regresamos. Creo que ahí empezó mi problema. Me atraparon por un par de delitos pequeños y sin importancia. La policía me habló mal y mamá venía a la estación a recogerme. No importaba la situación, mamá siempre estaba ahí para mí. Sé que la avergoncé a veces, pero nunca lo dejó notar. Me encerraron en un centro juvenil cuando tenía doce años. Pasé un par de meses encerrado. Sé que eso fue difícil para ella. La primera vez que me encerraron sentí que me estaba asfixiando. Solo estar encerrado en una celda fue algo a lo que tuve que acostumbrarme. No hubo golpizas, al menos conmigo. La comida era buena. Al final manejé la situación bastante bien.

Cuando me daban una orden, fingía no oír o simplemente la ignoraba. A veces me perdía en un libro.

Después de un par de meses, los tribunales me entregaron a la custodia de mi mamá. Ella me llevó de vuelta a casa. A veces no podía creer que lo hiciera, por mi forma de ser. Ella fue y sigue siendo una gran mujer. Especialmente por soportarme. Mi más profunda simpatía va para mi mamá. La quiero mucho por muchas razones. Solía pensar que era dura conmigo. Pero después de aprender todo por prueba y error, esto me abrió los ojos sobre lo equivocado que estaba y me hizo sentir culpable. Todo esto ahora lo entiendo y puedo aceptarlo. Madre, cuando pienso en nuestras experiencias, adquiridas a costa de esos años terribles, complementadas con amor y preocupación por tu experiencia y aprendizaje, sé que estaba radicalmente equivocado en mi forma de pensar. Espero no haberte fallado, mamá.

¡Las cosas que solías enseñarme! Están en mi mente y corazón. No soy demasiado hombre para decir que te amo con una dedicación que crecerá para siempre. Te quiero mucho, mamá.

Robert Clark

Capítulo 4
Jungla

Espero que puedas contener tu juicio el tiempo suficiente para que, al final de estos escritos, entiendas la profundidad de las culturas de las prisiones y los presos. Con mis escritos te llevaré detrás de los fríos y grises muros de la prisión para mostrarte parte del mundo en que viven los presos. Es un mundo real, con alegrías y penas, risas y dolor. Verás la cruda realidad que enfrentan. Los presos tienen su propia visión del mundo detrás de esos muros. Sin embargo, es importante entender que la percepción del mundo penitenciario es lo que gobierna sus acciones. Es obvio que factores como los muros, la libertad personal estrictamente limitada, los espacios de vida confinados y la ausencia de mujeres hacen que la vida en prisión sea muy diferente a la vida afuera.

El mundo físico del preso se limita a la prisión. Dentro de los muros (hablo ahora de la Prisión Estatal de Lansing en Kansas) encontrarás unas dos docenas de edificios que incluyen: cuatro enormes bloques de celdas, un comedor, un hospital, el Centro de Ajuste, talleres de mantenimiento y capacitación vocacional, el edificio de educación, la biblioteca, un gimnasio, una capilla religiosa, lavandería, planta de vapor, oficina de guardias, talleres industriales. Para la mayoría de los presos, este es el lugar donde pasan prácticamente todo su tiempo mientras están encarcelados.

Visualmente, la prisión es un mundo gris y monótono. Dentro, la mayoría de los presos están alojados en los cuatro enormes, lúgubres y mal ventilados bloques de celdas. Las celdas son cubículos de concreto reforzado de 11 x 4½ pies con techos de 7 pies. Dentro hay literas de acero, algunas dobles, otras individuales y algunas para cinco personas. Un inodoro sin tapa. Un lavabo con agua fría corriente y, ocasionalmente, agua caliente. También una lámpara. La celda es realmente poco más que un pequeño baño con una litera.

La relación del preso con el mundo exterior es bastante unilateral. La mayoría pueden escuchar la radio o ver televisión. Los presos que tienen fondos pueden suscribirse a periódicos o revistas. Se permiten visitas aprobadas de familiares y amigos.

Entrar en prisión por primera vez provoca un choque cultural. Surge cuando uno es expuesto directamente a una cultura extraña. Pueden surgir sentimientos emocionales perturbadores por la incapacidad de entender o predecir el comportamiento de otros. Tu mayor problema es no entender las cosas. Crees que algo significa una cosa y luego descubres que no significa nada o algo completamente distinto. No conoces las rutinas ni qué esperar de nadie.

La rutina básica es esta: los presos son despertados entre las 4:00 y 5:00 a.m. Luego se dirigen al comedor para desayunar cuando abren las puertas a las 5:30 a.m. Generalmente terminan entre 6:30 y 7:00 a.m. Los hombres asignados van a sus trabajos o a la escuela. Los que no están asignados o trabajan en turno nocturno van al patio por la tarde para recreación. A las 11:00 a.m. forman para el almuerzo. El comedor queda vacío entre las 12:00 y 12:30 p.m. Desde las 2:30 p.m. más o menos, los presos comienzan a regresar poco a poco a los bloques de celda para el conteo. Los guardias cuentan a cada preso en la prisión. Los presos deben pararse al frente de las rejas mientras se realiza el conteo. La cena empieza a las 4:00 p.m., después de la cual los presos son enviados directamente a sus celdas. Todas las actividades de la noche terminan a las 8:30 p.m., con todos los presos encerrados en sus celdas. Las luces se apagan a las 10:00 p.m. Los presos controlan las luces dentro de sus celdas, por lo que pueden quedarse despiertos hasta la hora que quieran.

Un preso enfrenta constantemente la posibilidad de meterse en problemas con el personal o con sus compañeros. Si esto sucede, puede ser sometido a la rutina muy distinta del Centro de Ajuste (el "hueco"). El hueco es una prisión dentro de la prisión. Allí el personal mantiene a los que consideran problemáticos habituales dentro de la cárcel, y a quienes necesitan protección a largo plazo de otros presos. Un preso puede estar en el hueco desde días hasta años, dependiendo de la gravedad de la falta.

La forma más extrema de castigo ocurre cuando un hombre es puesto en una celda seca, con solo un colchón sobre un bloque de concreto y un inodoro/fregadero de metal. No se le permite tener objetos personales. Hay una puerta de acero macizo afuera de la puerta de rejas normal. No puede ver ni oír nada fuera de su celda. Las luces se controlan desde afuera. Si los guardias están realmente en contra del preso, apagan todas las luces y mantienen la puerta de acero cerrada. Los presos ven este castigo extra como más degradante humanamente que el castigo físico real.

Muchos presos hacen una clara distinción entre dos tipos de presos: "convictos" e "inmates" (internos). Los convictos nunca delatarían a otro preso. Por eso no se toleran los informantes. Los internos normalmente delatan a cualquier cosa o persona para salir de una situación donde perderían.

La actividad homosexual está presente en todas las prisiones. Se usan muchos términos para describir a los distintos tipos de homosexuales activos en prisión. "Queen" y "jocker" denotan roles femeninos y masculinos. Sin embargo, estos son términos del personal y normalmente no los usan los presos. Algunos presos usan otros términos como "maricón," "gay" o "comisario punk".

En prisión estás constantemente en situaciones donde pierdas de todas formas. Si los guardias piensan que hiciste algo ilegal, tal vez no tengan evidencia para una condena, pero como creen que eres culpable, cumplirás el tiempo por la infracción. Estos llamados defensores de la paz, tan convencidos de ser buenos en lo que hacen, se colocan como Dios, juez y jurado. Pueden condenar a un hombre con solo una corazonada, el testimonio de un soplón, o cualquier otra evidencia inválida.

Tampoco puedes pelear contra la Junta, porque están confabulados con la policía y siempre podrán inventar una razón distinta a la verdadera para mantenerte adentro, para justificar que no estás rehabilitado. No puedes protestar porque es tu palabra contra la de ellos y ellos siempre ganan.

No hay mucha vida en prisión. La subsistencia aquí es en su mayoría repeticiones interminables. La gente se vuelve experta en perder el tiempo. ¡De verdad en destruirlo! Desarrollan pequeños rituales que agregan tiempo y movimiento extra a casi todo. Y eso es además del tiempo consumido en simplemente distraerse. Perder el tiempo puede proteger a algunas personas de lo que perciben como una esclavitud psicológica, pero tiene un precio, muchas veces no reconocido.

La gente necesita algún sentido de autoestima. Y eso es difícil sin lograr algo. Para empeorar el ataque a la cordura está la rutina diaria invariable y la estructura de la prisión, donde las locuras de todos afectan a los demás. Todo el día hay el ruido fuerte de puertas cerrándose y golpeándose. No son puertas pequeñas, ¡son 90 kilos de acero deslizándose rápido! Televisión, música, duchas, inodoros, etc. Estas distracciones son constantes.

A esto se suman los heridos ambulantes. Su daño psicológico se expresa de varias maneras. Algunos desarrollan hábitos extraños de higiene. Otros hablan consigo mismos. Algunos se aíslan, otros explotan.

No lograr ningún éxito puede ser estresante. Puede llegar un punto en que un preso está tenso todo el tiempo y exhibe comportamientos amenazantes. Sería impensable en cualquier lugar, salvo en Estados Unidos, forzar a presos a este tipo de condiciones. Lo peor de la prisión es el paso del tiempo sin tener nada que mostrar por ello. El futuro de los presos a largo plazo no es prometedor.

Capítulo 5
El debate entre convictos e internos

Me encerraron por primera vez a los trece años. El año era 1968. La prisión era un lugar diferente al que es ahora. No nos permitían tener televisores ni radios en las celdas, y tampoco teléfonos ni ventiladores. Había un televisor en un viejo gabinete detrás de uno de los edificios. Lo encendían solo los fines de semana para eventos deportivos. No había agua caliente en las celdas. Y la violencia era diferente entonces. Los convictos formaban un grupo mucho más unido en esos días.

A pesar de toda la vigilancia que controlaba cada uno de nuestros movimientos, los convictos manejaban la prisión. Los códigos y la ética se desarrollaban de la misma manera. Manteníamos una imagen limpia de nosotros mismos y de lo que representábamos. Nos veíamos a nosotros mismos como convictos. "Interno" era una palabra despectiva con significados vergonzosos. No había vergüenza en el juego de un convicto. Las reglas eran simples, pero muy serias. Nos respetábamos mutuamente, cumplíamos nuestra palabra, pagábamos nuestras deudas y no delatábamos a nadie. Nuestro objetivo era cumplir la condena y hacerlo lo más fácil posible. En esos días, los débiles, ladrones de celdas y soplones eran personas en grandes problemas. Los homosexuales se llevaban bien si eran convictos. Pero los hombres que cambiaban favores sexuales por protección eran débiles.

La custodia protectora casi no existía. La única posibilidad real que un hombre tenía entonces era ser convicto. Los soplones y ladrones de celdas, cuando eran atrapados, sufrían agresiones o algo peor. Así era la cosa. No era una vida ideal y estábamos lejos de ser lo mejor de la sociedad. Pero muchos sentían que mientras respetáramos nuestros valores, nuestra existencia estaba justificada.

Todo esto ha cambiado radicalmente en las últimas décadas. Las prisiones están a reventar con una nueva clase de preso. Los convictos, junto con sus valores y sistemas, ahora son una especie críticamente en peligro de extinción. Hasta los guardianes lo notan. Estos nuevos tipos no entienden qué son los valores. Se engañan entre ellos, roban y su palabra rara vez vale. El código de los convictos para ellos es como el código Morse para el teléfono.

Una vez, en Nebraska, a finales de los 60, un hombre fue apuñalado hasta morir justo antes de la cena. La mayoría de los presos del bloque fueron testigos del incidente. El bloque quedó cerrado y, uno por uno, llamaron a los hombres para interrogarlos. Ningún convicto admitió haber visto algo. Hace unos años hubo un asesinato en una prisión cercana. Salieron tantos soplones que el capitán tuvo que emitir un aviso pidiendo que ya no denunciaran por el problema que eso traía. Los convictos enfrentan la necesidad de esconderse en la prisión, igual que la gente hace en la sociedad. Este es un mundo de mentiras, engaños y traiciones, y no sabemos en quién confiar. Es difícil relacionarse con la nueva generación porque no quieren aprender ni escuchar ideas razonables.

Robert Clark

Capítulo 6
Cared Straight
1995-1996*

Sé que parece que salto de un tema a otro en estos capítulos, pero sentí la necesidad de comenzar este libro con algunas de mis descripciones sobre cómo es la vida en prisión, antes de contarles mi historia personal, incluyendo de dónde saqué la idea para escribir este libro y cómo llegué a la situación en la que estoy hoy.

Esta es mi historia. Primero les diré por qué escribí esto. Luego comenzaré con mi juventud y continuaré hasta dónde estoy ahora en mi vida. Lo que me impulsó a escribir fue un programa en el que participé. El núcleo principal del programa se desarrolló en la Instalación Correccional de Lansing, en Lansing, Kansas. El propósito, o mejor dicho mi objetivo, es alejar a los jóvenes problemáticos de la violencia y el crimen. Pero antes de continuar con lo que llamo el programa de la

---

*"Cared Straight" es un programa que busca alejar a los jóvenes de la delincuencia mediante la orientación y el cuidado, en contraste con el programa "Scared Straight" que utiliza el miedo como método disuasorio.

cárcel, permítanme presentarme y dar un breve resumen de mi historia.

Me llamo Bob Clark. Cumplo una condena de 110 a 222 años en prisión. Cuando comencé a escribir esto en 1995-1996, llevaba 28 años preso. Y sigo escribiendo esto en 2018. Hoy llevo 50 años en prisión. Este ha sido un proyecto en curso porque a veces dejaba de escribir para ocuparme en otras cosas. Aunque soy culpable de no hacer de esto una prioridad, siempre fue una meta y una esperanza mía compartir mi historia con alguien a quien le pueda servir. Así que esta vez voy a escribir hasta poder darle un final.

Fui uno de una docena de presos seleccionados para participar en el programa llamado "Cared Straight." Fuimos evaluados por el personal de la prisión. Al principio, estaba renuente y dudoso de formar parte del programa. Venía de un entorno violento creado por distintas instituciones, y no sentía que mi propia vida estuviera en orden, entonces ¿cómo podía yo ayudar a unos jóvenes a cambiar la suya? Sin embargo, después de asistir a algunas reuniones, descubrí que quizás tenía algo que ofrecer al programa.

Este no es un programa de "scared straight" (asustar para enderezar), cuyo propósito es aterrorizar a los chicos para que arreglen sus vidas. Este programa enseña preocupación y cuidado. Los condados del estado de Kansas seleccionan a adolescentes problemáticos que han tenido problemas repetidos con la ley y podrían terminar en prisión u otro tipo de encierro. Es como una última oportunidad o alternativa. Así que sí ofrece esperanza.

Aquí les explico paso a paso cómo funciona: una vez al mes, llegan al menos diez jóvenes a la prisión estatal de Lansing. Estamos tratando de aumentar esto a dos veces al mes, pero por ahora el presupuesto no lo permite. Los chicos tienen entre doce y diecisiete años. Nuestro objetivo es usar todos los métodos conocidos para convencerlos de tomar el camino correcto hacia una vida mejor, una vida libre de problemas.

Los jóvenes llegan alrededor de las 7:30 a.m. Son escoltados al interior por el equipo de registro o por oficiales correccionales de la prisión. Les hacen una revisión completa, les quitan la ropa de la calle y les dan ropa estándar de prisión: un overol marrón con tenis naranjas. Reciben instrucciones y una cobija enrollada. Los esposan y los llevan dentro de los muros de la prisión.

La primera parada es el antiguo edificio A&T, que significa Ajuste y Tratamiento. Un grupo de presos y personal, además de varios oficiales de libertad condicional, los reciben. Se les lleva uno por uno a celdas individuales que sólo tienen su cobija.

Después de estar en aislamiento por unos treinta minutos (tiempo para reflexionar), nosotros, los presos, vamos a sus celdas para presentarnos (se nos asigna un joven con anticipación). En ese tiempo tenemos sesiones uno a uno. Por ejemplo, en mi hora con un joven le cuento mi historia. Trato de que se identifique conmigo, le pido que me haga preguntas, que se abra, y le hago saber que yo también estuve en la misma situación en la que él está ahora. En general es un momento para conocernos y que se sientan cómodos. El objetivo principal en esta primera sesión es ganar su confianza y hacerle saber que me importa él y su futuro. Al terminar la hora, volvemos a nuestros lugares originales. El equipo de registro regresa, abre las celdas, les pone las esposas y los lleva a la unidad de segregación (conocida como "el hoyo"). Los chicos reciben un tour por esta instalación, que es una prisión dentro de la prisión. Allí están los peores presos de Lansing. Es un edificio para los internos acusados de infracciones a las reglas.

Después del tour, les hacen otra revisión completa, los esposan y los llevan a un bloque de celdas de población general dentro de los muros. Una vez terminados los dos tours, los llevan al comedor principal donde de nuevo se nos empareja con ellos. Entonces almorzamos juntos. El comedor de la prisión es un lugar muy intimidante, especialmente para un adolescente rodeado de presos más grandes y violentos. Créeme, no muchos de los chicos quieren almorzar. Es toda una experiencia para ellos.

Después del almuerzo los llevan de vuelta al edificio A&T donde los confinan en celdas por un rato. Luego vienen las sesiones grupales y discursos. Cinco presos de nuestro grupo son seleccionados para hablar con los jóvenes y el resto del público. Uno por uno, los presos dan una charla mientras los jóvenes escuchan hasta que terminan.

Les contamos nuestro caso y qué nos llevó a la

situación en la que estamos. Tratamos de fomentar esperanza, motivación, metas y que se animen a poner sus vidas en orden. Después de las charlas los llevan a las celdas junto con nosotros. En ese momento tenemos nuevamente sesiones uno a uno con los chicos. Esta sesión dura al menos una hora. Después nos dividimos en grupos para la última sesión del día, que es en celdas más grandes, en grupos de tres contra tres.

Aquí dejamos que los chicos nos digan si aprendieron algo del programa, qué metas tienen para sí mismos, y cualquier pregunta o comentario que quieran hacernos. Siempre me aseguro de preguntarles si sacaron algo de este programa. Si fue así, les pido que por favor lo compartan con otros jóvenes para que también reciban la ayuda que nosotros les damos. Esto les hace sentir que tienen un propósito en la vida, especialmente porque están contribuyendo. Debo decir que al final de la última sesión todos nos emocionamos un poco cuando estos jóvenes se van a casa. Es porque me alegro por ellos y también por mi propia situación.

Esto es lo que me hace querer compartir esta historia con todos. Realmente creo que los presos podemos ayudar a los jóvenes que van en la misma dirección que nos llevó aquí. Este programa en Lansing aún era nuevo cuando comenzaron a llegar resultados y hasta ahora han sido positivos. Hoy en día, los presos no son las personas más populares para la sociedad. Algunos de nosotros estamos aquí encerrados de por vida, sin esperanza más que la que nosotros mismos podamos crear.

Los políticos se eligen haciendo leyes y penas duras para los crímenes. Tenemos depredadores, atracadores, asesinos—podría seguir—pero el punto es que algunos queremos dar algo a cambio. Sé que podemos hacer una diferencia positiva en la vida de estos jóvenes si nos dan la oportunidad. Los chicos se identifican con nosotros. Confían en lo que decimos y se abren como con nadie más. Hemos pasado por lo que ellos están viviendo ahora. La delincuencia juvenil es una epidemia grave y la sociedad está prácticamente prisionera de esto. Hay que hacer algo para cambiar la situación en la dirección correcta. Incluso pequeñas diferencias generan resultados positivos.

No quiero nada de este libro salvo contar mi historia para ayudar a estos jóvenes y evitar que cometan los errores que yo cometí. Solo quiero difundir mi mensaje a quien quiera escucharlo y espero que sirva. Ojalá pueda hacer una diferencia positiva en la vida de alguien. Si no, al menos habré intentado dar algo a cambio. Una cosa sé: encerrarlos es lo peor que se puede hacer.

En mi historia hablo con cualquiera que quiera escuchar. Actualmente solo llegamos a un pequeño número de jóvenes una vez al mes con nuestras historias. No creemos que eso sea suficiente. Queremos llegar a más. Por mi nivel de custodia nunca me permitirían salir a hablar con los jóvenes, así que solo tengo la pluma y el papel para comunicarme. Escribiré hasta sentir que todo ha sido dicho. No me considero escritor, pero es mi única manera de llegar a ellos.

Es la primera vez que intento escribir un libro. Este mensaje es para nuestros jóvenes que sienten que no tienen propósito en la vida salvo meterse en problemas. Esto es de mí para ellos: ¡por favor, escuchen lo que tengo que decir! Luego juzguen ustedes mismos cuando lean mi libro. Sé a quién le hablo porque soy uno de ustedes. Sé lo que se necesita, porque para llegar a uno de estos lugares solo hace falta muy poco. Pensamos que si cometemos delitos menores solo nos darán una palmada en la mano, pero no es así. Todavía no entiendo qué significa ser libre.

Los invito a acompañarme en un viaje por mi vida y cómo todo esto comenzó. Explicaré qué llevó a la parte destructiva de mi vida y qué hará falta para ayudar a tantos como pueda. Espero que mi historia los ayude a nunca acabar en prisión, ni por un día ni por el resto de su vida. No pretendo ser un milagro, pero tengo algo que decir y ofrecer. Si quieren evitar este lugar, por favor sigan leyendo.

Robert Clark

Capítulo 7
Primera infancia

Vengo de una familia de ocho. Tres hermanos además de mí, y cuatro hermanas. La historia comienza con cómo fui traído al mundo, y por quién. Empezaré con mi madre. Su nombre es Joan Hernández. Ella es mexicoamericana. Nació y creció en Omaha, Nebraska. La madre de mi mamá, Amelia Vásquez, y su padre, Paul Hernández, se divorciaron cuando ella tenía quince años. En ese momento mamá estaba sola. Dejó la escuela y empezó a vivir la vida.

Recuerdo que me contó la historia de cómo conoció a papá por primera vez. Su nombre era Robert Clark y también nació en Omaha, Nebraska. Era uno de cuatro hijos. Perdió a sus padres, Harold y Mary, por el alcohol, cuando los niños eran pequeños. Mi padre anduvo de aquí para allá y terminó metiéndose en problemas cuando era joven. Empezó en hogares de acogida. De ahí pasó a una escuela de entrenamiento para muchachos por un delito menor. Después avanzó a reformatorios y luego a prisión federal.

Después de todo eso, hizo un breve servicio en los

Marines, que terminó en una baja deshonrosa. Mamá dijo que conoció a papá en una cita a ciegas por medio de una amiga suya. Me contó que fue atracción instantánea. Más tarde recordó que simplemente estaban solos y sin nada que hacer, así que decidieron casarse.

El primer hijo nacido en nuestra familia fue mi hermana, Debby. Yo fui el siguiente. Al mirar atrás, mi infancia no fue tan mala. Aunque éramos pobres, algo que solía recordar es que cuando nunca tienes lujos en tu vida de niño, no echas nada de menos porque piensas que así debe ser, no solo para ti sino para todos los demás. Nuestro barrio era pobre, así que era una forma de vida.

Mi papá tenía algunos trabajos, apenas lo suficiente para apenas alimentarnos y luego salir de fiesta con el resto. Papá era un hombre de la calle. Mamá sintió la responsabilidad de mantener a ocho hijos cuando nacieron Dixie, TerriLynn, Diane, Bill, Dave y Doug. Mi papá empezó a ausentarse por períodos más largos. Mi abuelo y la iglesia nos ayudaban a alimentar o quizás nos hubiéramos muerto de hambre. Mamá tuvo que entrar a asistencia social y conseguir los recursos que pudo. Necesitábamos ropa, comida y techo. Recibíamos muy poca ayuda de papá. Estábamos en modo de sobrevivencia. Él era un hustler callejero que terminó en la cárcel muchas veces.

Finalmente llegó un momento en que mamá tuvo que tomar una de las decisiones más difíciles de su vida. Tuvo que entregar a algunos de los niños porque no podía permitirse mantenernos a todos. Todavía me duele pensar en eso mientras escribo. Esta decisión aún atormenta a mamá hoy y ya casi tiene ochenta y cinco años. En ese entonces no podía entender cómo una madre podía entregar a algunos de sus hijos bajo la custodia de otras personas. Al crecer, empecé a entender.

Dave y Doug fueron adoptados por unos amigos de la familia. Se quedaron en Omaha. Dixie, Diane y TerriLynn fueron enviadas a un hogar de acogida. Debby, Bill y yo nos quedamos en casa con mamá.

Supongo que si miras el cuadro completo, era comprensible. Aquí está mamá, madre soltera en asistencia social, viviendo en un pequeño departamento con ocho niños hambrientos que necesitaban cada cosa necesaria para sobrevivir en este mundo. Aunque mamá nunca se recuperará emocionalmente de esto, fue una táctica de supervivencia. No había manera de que pudiera seguir manteniéndonos con su ingreso. Fue una reacción forzada de su parte. Prefería ver que los niños fueran atendidos financieramente a que pasaran hambre.

Hasta el día de hoy no sé cómo o por qué se eligió a qué niños se les entregó o se quedaron con mamá. Después de que todos nos separamos, las cosas siguieron siendo duras. Aunque nuestra familia era más pequeña y mamá tenía una vida más fácil para proveer, ella seguía siendo un desastre emocional. Papá todavía venía de vez en cuando. Sé que mamá aún lo quería. Aunque mamá trataba de hacer que esto funcionara, no iba a ser así, sin importar las circunstancias.

Papá no nos golpeaba realmente, salvo un castigo con el cinturón de vez en cuando. Siempre nos protegía cuando estaba cerca. Era buen peleador callejero, así que era muy capaz de protegernos. Amaba a papá, pero él solía golpear a mamá. Nunca pude entender eso. Sabía que no estaba bien. Mis sentimientos por él se fueron distanciando por eso. Tenía miedo a la violencia desde muy pequeño, provocado por ver esa violencia. Lo enviaron a prisión cuando yo tenía alrededor de siete años. Esta vez estuvo encerrado un par de años. Volvió a Omaha cuando salió. Mi hermana Debby y yo asistíamos a una escuela local. Papá llegó en su camioneta y dijo que mamá le dio permiso para llevarnos al cine. Nos subimos a su auto y nos fuimos. En ese momento ninguno de los dos pensó que estábamos siendo secuestrados.

Nos llevó a Mineral Wells, Texas. Papá, junto con su novia Jan, nos llevó allá. Yo logré regresar a Omaha un año después. Debby siempre tuvo miedo de papá, así que tenía miedo de decirle que quería volver a casa con mamá. Eligió quedarse en Texas con Jan. Papá me llevó de regreso a Omaha. Nunca regresó a Texas. Así que una vez más nuestra pequeña familia se hizo aún más pequeña. Jan no quiso liberar a Debby, y para entonces mi hermana estaba tan asustada y lavada el cerebro que aún tenía miedo de volver a casa.

Después de numerosos intentos para recuperar a Debby, mamá perdió la custodia de ella. Debby fue adoptada por una pareja de Texas. No la volveríamos a encontrar por años (en realidad, ella nos encontró a nosotros). Una vez más, papá fue de trabajo en trabajo y pasó algo de tiempo en la cárcel. Finalmente decidió irse al Oeste, a Portland, Oregón. Allí se quedó el resto de su vida.

Mamá se había vuelto a casar con un hombre llamado Buck Harrison. Así que ahora éramos una familia nuclear. Mamá, Buck, yo y mi hermano menor, Bill. La vida no estaba mal al principio. Desde el comienzo, aunque hubo algunos pequeños problemas, nunca me llevé bien con Buck. Aunque papá no fue el mejor ejemplo, él seguía siendo mi papá. Me costó aceptar que tenía otro papá. Buck y yo chocábamos una y otra vez. Yo tenía problemas de disciplina. Él tenía problemas de autoridad — al menos eso pensé en ese momento. Las cosas se pusieron tan mal que ni siquiera podíamos sentarnos a la misma mesa. Él tenía un trabajo estable y era un proveedor mucho más estable, pero mis sentimientos simplemente no estaban ahí. No me gusta forzar mis sentimientos o fingir.

En 1965, Buck consiguió un empleo más significativo con algunos parientes en Long Beach, California. Empacamos y empezamos el largo viaje hacia el Oeste. Cuando llegamos a California vivimos en los Apartamentos Gold Star. Era un complejo grande de viviendas públicas.

Me encantó todo de California. El cambio de ambiente fue bueno para mi actitud. Mamá era de Omaha y nunca le gustó California. Así que, dieciocho meses después, regresamos a Nebraska.

Buck siempre quiso ser policía. Después de conseguir un trabajo como oficial de policía, nos mudamos a la pequeña ciudad de York, Nebraska. La vida en una ciudad pequeña no fue tan mala como pensé que sería. Después de inscribirme en la escuela empecé a hacerlo bien en los deportes, así que fuera de casa todo iba bien. Pero dentro de casa no iba tan bien. A mi papá nunca le gustaron los policías, así que supongo que eso se me pegó. Creo que cuando vi a los policías llevarse a papá a la cárcel cuando tenía siete años, se plantó una semilla en mi cabeza. Tal vez fue entonces o ahí cuando empecé a tener pensamientos criminales.

Vivía bajo el mismo techo que un hombre al que mi papá consideraba un enemigo. Intenté llevarme bien con Buck por el bien de mamá, pero no funcionó. Incluso después de intentos para arreglar las cosas con él, no sirvió de nada. Si hubieras estado ahí, podrías haber sentido la tensión entre nosotros. Pensé en ese momento que Buck veía un reflejo de papá en mí. Así que sentí que eso era razón suficiente para que él descargara su frustración conmigo.

Papá y Buck nunca se llevaron bien. Tuvieron numerosas confrontaciones violentas a lo largo de los años. Papá sentía celos por mamá y por el hecho de que un policía estaba criando a sus hijos. Eso no le caía bien a papá. Cada vez que papá y yo hablábamos, él siempre me dejaba saber cómo se sentía sobre Buck. Ahora sentía que tenía que apoyar a mi papá y ser rebelde con Buck, así que traté de robar su auto. ¡Ni siquiera sabía manejar! Tenía once años entonces. Ni siquiera llegué a la esquina de la cuadra.

Buck en realidad me perdonó por eso. El castigo no fue tan fuerte. Mi siguiente movimiento fue entrar a una escuela. Luego me atraparon robando en una tienda. Después de un tiempo me convertí en un dolor de cabeza para él. Buck era policía en la fuerza y estaba empezando a sentirse cómodo en su nuevo trabajo. Yo era un desastre que lo ponía nervioso. Mamá y yo nos habíamos distanciado porque sentía que ella nunca me apoyaba. Pero, en realidad, ¿por qué debería?

Mamá pensó que era hora de volver a Omaha. Dijo que había demasiados chismes en pueblos pequeños. Junto con los problemas y la vergüenza que yo causaba, nos fuimos de regreso a Omaha en 1967.

Buck nunca volvió a unirse al departamento de policía. Me culpaba por arruinar su carrera. Al menos eso pensé. Las cosas nunca mejoraron realmente entre nosotros después de regresar a Omaha. Buck empezó a beber y mamá trabajó de mesera en un bar. Eso nos dejó a mi hermano menor Bill y a mí solos la mayor parte del tiempo. Mi primer encuentro con el crimen en Omaha fue un allanamiento a una escuela. Llevé a mi hermano menor conmigo. No fue más que vandalismo. No robamos nada. Entramos a la escuela, rompimos algunas cosas y nos fuimos. Las cosas seguían empeorando en casa. No podía vivir realmente bajo el mismo techo que mi padrastro. El odio entre nosotros crecía y alcanzaba un nivel alto. Sabía qué era lo siguiente en mi destino.

Robert Clark

Encarcelado a los 13

Robert Clark

Capítulo 8
Centro juvenil

El año 1968 resultó ser el último año en que fui libre. Nunca lo hubiera imaginado, pero era real. Don Anthony era mi mejor amigo en ese tiempo. Él estaba en la misma situación que yo. Se sentía rechazado en su casa. Su padrastro era un militar de carrera, muy patriótico. Su madre era una buena mujer, muy amable y considerada. Don y yo nos llevamos bien desde el principio. Yo era un fugitivo y él también. Nos alimentábamos de las costumbres del otro. Pronto nos hicimos muy unidos.

Nuestro primer encuentro con la ley fue por una agresión menor a un vecino. Mi hermanito Bill y algunos de sus amigos estaban tirando huevos a una casa del barrio. El dueño salió de la casa para ahuyentar a los chicos. Desde la ventana de mi habitación, Don y yo pudimos ver todo lo que estaba pasando. Los dos acudimos en ayuda de mi hermano. Armados con una linterna larga, atacamos al dueño de la casa. Él recibió algunos golpes, pero nosotros también. No tardaron mucho en llegar los policías y el viaje a la estación fue aún más rápido.

Esa noche nos llevaron al Centro Juvenil del Condado de Douglas para jóvenes en Omaha. La cárcel juvenil estaba diseñada para albergar a chicos problemáticos. Nunca se me ocurrió que acabaría en la cárcel. Siempre pensé que quería estar por mi cuenta, pero estar encerrado era algo que jamás hubiera imaginado. Al llegar a ese lugar, nos desnudaron, nos registraron y nos llevaron a las duchas.

Aquí nos rociaron un ungüento debajo de las axilas, en la ingle y en el cuero cabelludo. Supongo que trataban de evitar que entraran bichos. De ahí nos llevaron a la entrega de ropa. Nos dieron un conjunto de pantalones y camisa de mezclilla azul, un par de pantuflas, una manta y una placa de identificación. En ese momento, nuestro instructor parecía bastante tranquilo, incluso modesto.

Don y yo fuimos escoltados por un largo pasillo. Al llegar al final nos dijeron que nos detuviéramos. Había jaulas de concreto y acero. Me pusieron en la jaula número 1 y a Don en la número 2. Después de entrar a esa tumba, la puerta se cerró rápidamente detrás de mí. Nunca estuve preparado para algo así.

La celda estaba completamente oscura. Había una luz en el techo, pero estaba controlada desde afuera. La puerta era una losa sólida de metal sin ventanas. Dentro había una losa de concreto, que era la cama. Había un inodoro con un lavamanos conectado. Todo era de acero. Tenías suerte si podías dar cinco pasos en una dirección. Mi primer pensamiento fue: "Estoy enterrado vivo."

¿Cómo pasó esto? Pensaba que esas celdas eran para alguien mayor y violento. Todo lo que hice fue tratar de proteger a mi hermanito y solo tenía doce años. Sabía que esto no estaba bien. Después de setenta y dos horas de confinamiento solitario, Don y yo fuimos liberados a la población general. Eso significa que nos mezclaron con los demás en el centro juvenil. Nunca pude entender por qué nos pusieron en esas celdas de aislamiento al principio. Supongo que a todos los chicos nuevos les hacían eso al llegar. Lo llamaban terapia de choque. Cultura dulce a cultura agria. Más que nada un juego mental.

La liberación no pudo haber llegado más pronto. Tres días en total oscuridad ya habían hecho que mi mente me jugara trucos. Cuando me metí entre la gente hubo algo de alivio, aunque muy poco. Ahora tenía que averiguar qué estaba pasando en ese lugar extraño. La población general te da más libertad de movimiento, pero te encuentras con problemas de todo tipo.

La rutina era así: el despertar a las 5:00 a.m. Al despertar, tienes que hacer tu cama súper apretada, tan apretada que podrías rebotar una moneda sobre ella. Esto sucedía en un dormitorio con al menos veinte a cincuenta otros jóvenes. Una vez hecha la cama, ibas al área de lavado. Era una sala grande con muchos lavabos e inodoros. Después de atender tu higiene, era hora de comer. El comedor era un salón grande con mesas enfrentadas al otro lado de la cocina. Teníamos que hacer una fila larga y apretada antes de tomar una bandeja de acero fría. El desayuno siempre consistía en un tazón de farina, dos rebanadas de pan tostado y dos cartones de leche. Después de la comida nos llevaban a la sala de estar. Allí decidían quién iba a la escuela o quién iba a los trabajos asignados. Si eras pre-detenido, como nosotros, te ponían en el equipo de limpieza. Eso significaba barrer, trapear y mucho fregado. Nuestro trabajo era mantener limpio el lugar. Negarse significaba más oscuridad en las celdas oscuras.

La oportunidad de ir a la escuela era para los que tenían sentencia del tribunal. El equipo de limpieza duraba la mayor parte de la mañana. Luego servían el almuerzo, y después del almuerzo había más trabajo. Recuerda que el lugar ya estaba limpio por la limpieza de la mañana. Solo que no querían que ninguno de nosotros tuviera tiempo libre. Así que nos hacían limpiar el mismo lugar que ya habíamos limpiado. Esto duraba toda la tarde, todos los días. Hasta la comida de la noche.

Finalmente nos daban recreo, después de la cena. ¡Una hora entera de recreo! Por lo general había un balón de baloncesto para jugar o una baraja de cartas para pasar el rato.

La hora pasó volando, y luego era hora de ducharse. Recuerdo la primera vez que me duché con otras personas. Ni siquiera conocía lo que era una ducha. Siempre usaba bañera. De todos modos, había una habitación grande de concreto con unas veinte regaderas. Entrábamos uno a uno hasta llenar las duchas.

Fue ahí que empecé a notar toda la mierda rara que pasaba en ese lugar. Imagínate estar parado, completamente desnudo, en una habitación llena de extraños. La mitad se masturbaban y la otra mitad se agarraba el trasero unos a otros. Fue un choque para mis nervios. Supe en ese momento que este lugar iba a ser un infierno.

Las duchas estaban abiertas solo cinco minutos antes de apagarlas. Tan rápido como nos sacaban de la ducha, metían a otros tantos detrás de nosotros. Después de la ducha nos llevaban al dormitorio. Era un dormitorio grande con muchas literas alineadas lado a lado. Era un lugar para dormir y eso era lo único bueno. Por suerte, Don y yo estuvimos solo un par de semanas en el Centro Juvenil antes de que un juez del condado nos liberara.

En esas dos semanas de encierro, me presentaron uno de los mundos más extraños que jamás había encontrado. Confinamiento solitario en total oscuridad. Trabajo repetitivo limpiando lo mismo una y otra vez. Comida no apta para el consumo humano. Ni siquiera sabía qué era un depredador hasta que entré a ese lugar. Era un criadero de maldad.

Cuando me liberaron pensé que había visto suficiente en esas dos semanas para despertar, no importaba lo difícil que fuera en casa. Dos semanas de eso debieron haber sido suficientes para poner mi mente en el camino correcto. Pero días después de mi liberación ya estaba metido en problemas otra vez.

Yo y cuatro más del barrio decidimos entrar a una casa. No nos llevamos nada, solo vandalizamos la casa. Fue una tontería—una de las cosas más estúpidas que había hecho hasta ese momento en mi corta vida. Fue sin sentido. Uno de los jóvenes con nosotros se lo dijo a alguien de su familia, quien llamó a la policía. Esto llevó al arresto de todos nosotros. Nos llevaron a la estación, nos interrogaron y contactaron a nuestros padres.

Tres de los chicos fueron liberados bajo supervisión de sus padres. Don y yo fuimos enviados de regreso al Centro Juvenil. Nos pusieron en las mismas celdas que cuando llegamos la primera vez.

No sabía entonces que esa sería mi última noche de libertad.

Nunca volví a ver las calles como hombre libre. Conforme avances en este libro te explicaré todo esto con más detalle. Ahora, cuando nos llevaban al Centro Juvenil, toda clase de pensamientos me cruzaban la mente. ¿Cómo, cómo íbamos a explicar esto a nuestras familias? ¿Nos pondrían en libertad condicional?

En ese momento pensé, por si acaso, que quizás nos enviarían a la Escuela Estatal de Entrenamiento para Niños en Kearney, Nebraska. Como joven creciendo en los barrios del norte de Omaha, había oído lo duro que era Kearney. Así que realmente no quería acabar ahí.

Después de unos meses encerrados en el Centro Juvenil, Don y yo, junto con los demás, recibimos una fecha en la corte para la sentencia. A nuestros padres se les permitió asistir a la audiencia. Don y los otros cuatro chicos recibieron libertad condicional. Cuando llegó mi turno, el juez me dijo que tenía un chip en el hombro y que si no me arreglaba, algún día estaría encerrado de por vida. Me dijo que intentó enviarme al Hogar para Niños de Omaha, pero no me quisieron. Luego trató de enviarme a Boys Town. El resultado final fue que tampoco me quisieron ahí. Entonces decidió enviarme a la Escuela Estatal de Entrenamiento para Niños en Kearney, Nebraska.

No podía creer lo que escuchaba. Esa instalación era una cárcel juvenil para chicos duros. Era una llamada Escuela Gladiador. Eso era lo que todos oíamos sobre el lugar mientras crecíamos. Aún estaba confundido por qué yo era el único del grupo que tenía que quedarse encerrado mientras los demás podían irse a casa. Yo era el más joven de todos. Tenía trece años. Estaba enloqueciendo con tantos "por qués" y "sies." Muchas cosas corrían por mi joven mente. Miedo, rabia, odio. No saber qué esperar fue lo que más me molestó.

Robert Clark

Capítulo 9
Escuela de entrenamiento para niños

Kearney, Nebraska

El día era 17 de julio de 1968. Éramos tres en una camioneta familiar rumbo a ser transferidos a la Escuela Estatal de Entrenamiento en Kearney, Nebraska. Veníamos de Omaha, así que el viaje era de al menos 400 kilómetros. Me recogieron en el Centro Juvenil y a los otros dos los recogieron en la cárcel del Condado de Douglas. Ambos tenían dieciséis años. Durante el camino, estaba sumido en pensamientos sobre todas las historias que había escuchado de Kearney. Violaciones, agresiones y mucha otra mierda. Pensé, con trece años, que sería uno de los más jóvenes allí. Sabía que tendría que probarme cuando llegara. La edad promedio de los presos era entre quince y dieciocho años, así que sabía que a mis trece años me iba a tocar duro.

Tenía toda la mente puesta en pelear y defenderme de la mejor manera posible, así que estaba preparado. Mi papá había estado en la cárcel, así que me había enseñado muchas cosas. Pensé que el lugar sería deprimente, pero cuando llegamos era muy distinto a lo que imaginaba. Estaba en una colina grande. Había al menos seis cabañas, con una iglesia, un comedor y un gimnasio.

En general, era más grande de lo que esperaba. Había una escuela llamada Reynolds Hall, una cantina donde podíamos comprar artículos como productos de higiene, dulces, varios tipos de comida como papas fritas, sopas, barras de chocolate y más. También, al llegar noté que había una gasolinera en el recinto. Todo el complejo estaba rodeado por una cerca de 15 pies de alto. No tenía alambre de púas.

Subimos esa colina y primero fuimos al edificio de administración. Nos procesaron, nos tomaron las huellas digitales y nos asignaron a la Cabaña D, donde van todos los nuevos. Nos dieron una charla sobre reglas y regulaciones. A cada uno le dieron un libro de reglas.

Después del regaño nos escoltaron a la cabaña D. Nos dieron el uniforme estatal y botas. Luego nos llevaron al barbero y nos raparon la cabeza al ras. Nos asignaron una celda individual con un colchón. La rutina diaria era puro aburrimiento. Todo era para ser evaluado. Te sentabas en la celda todo el día hasta que te llamaban para hacerte muchas pruebas, tanto mentales como físicas. Estas pruebas determinaban dónde vivirías y a qué trabajo te asignarían. Tenías que ir a la escuela al menos medio día.

La estadía promedio en la Cabaña D, para orientación, duraba unas dos meses. En la primera semana tuve una pelea con un chico mayor de Lincoln, Nebraska. No fue más que un forcejeo con algunos golpes. Por eso me llevaron a lo que llamaban R-3, la celda de castigo. Estaba justo arriba de la Cabaña D. Nos pusieron overoles sin nada más y nos encerraron en celdas con solo una Biblia y un colchón. Estuvimos encerrados dos semanas esa vez.

La rutina diaria en la Cabaña D era: llamada a despertar a las 5:00 a.m. Íbamos a un baño grande para asearnos y prepararnos para el desayuno. Por medio de un "Padre de Cabaña" nos llevaban al comedor. Por lo general servían huevos revueltos, avena y pan tostado. Tomaba unos treinta minutos ir y volver. Al llegar de nuevo a la cabaña era hora de ir al edificio GI. Barrer, trapear y encerar pisos con una pulidora. Solo limpieza general. Recuerda que todo esto pasaba en 1968. El tiempo en esos días era más estricto y duro. Después de la limpieza había más evaluaciones y pruebas.

Durante la orientación solo intentaban descubrir en qué lugar encajabas para la escuela y el trabajo. Después de la Cabaña D te asignaban a una de las siguientes cabañas: A, B, C o L, W. W y L se llamaban Washington y Lincoln.

Mi orientación no fue tan bien como debía. Muchos problemas por delante para mí. Los Padres de Cabaña nos hacían ejercicios diarios. Como en todas las cárceles masculinas, juveniles o adultas, tienes que establecerte desde el principio por la cultura que hay.

Muchas peleas suceden en cárceles juveniles. Luego viene el castigo, con la celda de castigo si te mandan.

Como dije, no aguanté una semana en Kearney sin pelear, lo que me llevó directo a la celda de castigo. Los presos le pusieron de apodo R-3. Nunca supe qué significaba eso. La celda parecía un chenil. Un largo pasillo con filas de celdas enfrentadas. Todas las puertas eran de metal sólido de arriba abajo. Tenían una pequeña ventanita en la parte superior con malla de alambre. Dentro había una litera con colchón, que se quitaba durante el día y se devolvía en la noche. Había un excusado con lavabo conectado. Teníamos una Biblia para leer. Las comidas se servían tres veces al día, dos calientes y una fría. El desayuno era un tazón de avena y dos rebanadas de pan tostado. El almuerzo era un pedazo de pan con mantequilla de maní. La cena venía en un plato de papel: generalmente una papa al horno y una cucharada de vegetales.

La rutina en la celda de castigo era puro aburrimiento. Estas celdas están diseñadas para hacer que pienses en todas las cosas malas que hiciste. La esperanza es que el preso piense antes de actuar negativamente. La estadía por castigo podía ir de una semana a treinta días. Estar encerrado solo en una celda sin nada puede ser muy duro, especialmente sin recreo.

Al salir de la celda de castigo, regresabas a la orientación para completar todos los programas que tenían planeados. Tenías que completarlos para entrar en la población general.

Cuando terminé la orientación me asignaron a la

Cabaña C. Allí me dieron un trabajo y escuela. Esto se dividía en medio día para cada uno. Mi primer trabajo fue cosechar papas. Como me encerraron a edad temprana, no tenía idea de lo que era el trabajo manual. Me costó acostumbrarme. Agacharme bajo el sol caliente a recoger papas medio día. Me dieron un costal y tenía que llenarlo. En las mañanas iba a la escuela. La última escuela que tuve afuera fue sexto grado.

La escuela en la prisión se llamaba Reynolds Hall. Tomé cursos básicos: lectura, escritura, aritmética, hasta música. Nunca me gustó la escuela cuando era joven. Cuando terminaba el trabajo y la escuela, regresábamos a la cabaña. Había opciones para recreo: cartas, billar, un televisor para toda la cabaña, o simplemente sentarse a desconectarse.

El llamado a lavandería y ducha empezaba como a las 7:00 p.m. Cada cabaña tenía alrededor de cincuenta chicos. Había chicos de todas las culturas bajo un mismo techo. La mayoría eran de Omaha y Lincoln, aunque muchos eran de ciudades pequeñas.

Por lo general salía una hora a hacer ejercicio, luego regresaba para jugar billar. Después era hora de la ducha, y luego todos a dormir en un gran dormitorio.

Mi segundo problema serio en la Cabaña C fue por un juego de billar. Fue mi segunda pelea en unas seis semanas. Cuando terminé mi tiempo en la celda de castigo volví a la rutina. Pero después las cosas no fueron tan bien. Parecía que una cosa mala sucedía tras otra. Seguían las violaciones a las reglas.

Intenté escapar varias veces. Una en particular me llevó a la penitenciaría. Me habían cambiado a la Cabaña B, donde conocí a un par de amigos nativos americanos. Estábamos en la fila para lavandería cuando un Padre de Cabaña agarró a uno de mis amigos y lo sacó de la fila. Yo reaccioné golpeando a ese consejero con un cepillo para zapatos en la cabeza. Después de que lo tumbaron, mis compañeros y yo pateamos la puerta principal y escapamos. La libertad no duró mucho.

Nos atraparon y nos regresaron. Después de una buena paliza por parte del personal me pusieron otra vez en R-3. Esta vez me encerraron en la celda oscura. Había dos celdas en R-3 llamadas celdas oscuras. Y eso eran. Tan oscuras que no podías ver tu mano frente a tu cara. No había nada en la celda salvo un excusado de acero. La litera no era litera: solo un colchón en el suelo, que te quitaban en la mañana y te devolvían por la noche. La celda era toda de ladrillo. Fue la peor celda en la que he estado, ya fuera en el Centro Juvenil, el Reformatorio o la Penitenciaría.

Normalmente solo tenían a un chico ahí uno o dos días. Yo estuve noventa días, algo inaudito en ese tiempo. Después de salir de ahí me pusieron en una unidad nueva llamada Dixon Hall. Estaba aislada del resto del Hill, aunque seguía en el recinto. La construyeron para los que rompían las reglas en la población general. Los casos más graves. Agresiones, fugas, cosas así. Tampoco me arregló la mente, así que los problemas me siguieron persiguiendo.

Todo esto me llevó a estar en la Gran Casa (Penitenciaría) a los catorce años.

Robert Clark

Capítulo 10
Reformatorio estatal

Todo esto me llevó a mi primer delito grave. En lugar de salir después de cuatro meses, terminé enfrentando cargos por delito grave en el Condado de Buffalo, en Kearney, Nebraska. Después de una de las fugas del Hill, dos compañeros y yo fuimos llevados a la cárcel del condado en el centro de Kearney. A veces, si eras un problema, te ponían en la cárcel del condado por un rato.

Era un fin de semana en la primavera de 1969. Los oficiales acababan de darnos de comer. Después de recoger las bandejas nos dejaron correr por el pasillo. Mientras caminábamos vi una llave sobresaliendo de una puerta. Era una llave maestra. La tomé. Abría todas las puertas que llevaban al garaje. Quedaba una sola puerta en el garaje, si abríamos esa puerta nos íbamos. Al probarla no podía creer lo fácil que iba a ser. Esa última puerta daba a un callejón afuera. Les dije a mis dos compañeros que teníamos que irnos ya, porque si se daban cuenta que faltaba la llave iban a volver a destrozar esa cárcel buscándola.

Lo único que sacamos de la cárcel fueron las ropas que traíamos puestas. Corrimos por el callejón a plena luz del día. Buscábamos algún transporte, aunque ninguno sabía manejar. Yo tenía catorce y ellos quince. Por suerte había una camioneta familiar en el callejón con las llaves puestas en el contacto. Alguien tenía que manejar y me eligieron a mí. Sabía que si lograba meter ese auto en la interestatal podía manejarlo en la dirección correcta. Era automático, lo que facilitaba las cosas. Al encenderlo traté de ir en reversa para salir, pero el auto estaba en drive y choqué contra una cerca. Otra vez tuve suerte: no causé daño. Más suerte aún, el tanque estaba lleno de gasolina.

Lo puse en la interestatal y solo esperaba ir hacia Omaha. Hasta hoy no sé cómo llegamos a Omaha. Todas las suertes necesarias nos llegaron. Nunca creí en milagros, pero sí después de eso. Al llegar a Omaha destrocé el auto y seguimos a pie. La libertad fue corta.

En menos de una semana estábamos de nuevo en custodia. De los tres que escapamos, Mike Illich, Butch Leonardi y yo, estábamos en camino de regreso a Kearney. Mike se entregó. Butch y yo nos atraparon en el sur de Omaha. Un amigo nos delató. Nos llevaron de regreso al lugar del que escapamos, pero esta vez no nos dejaron andar libres por la cárcel.

Nos acusaron de un delito grave (fuga de custodia). Mike no fue acusado porque se entregó. Butch y yo recibimos sentencia de 2 a 3 años en la Penitenciaría Estatal de Nebraska. Yo tenía catorce años y Butch quince. Me sorprendió que enviaran a un niño de catorce a una prisión de adultos, especialmente por un delito no violento. Aunque la semana que estuvimos huyendo robé una gasolinera con una pequeña navaja. Saqué $1.25 y dos paquetes de cigarrillos Kool. Poco sabía que ese robo me costaría más años en prisión. Me acusaron de hurto a persona y pusieron un embargo sobre mí.

El 18 de abril de 1969 me sentenciaron a un total de 2 a 3 años en la Penitenciaría Estatal de Nebraska en Lincoln, Nebraska. Fue por la fuga. En lugar de volver a casa en cuatro meses, me dirigía a prisión estatal. Todo parecía pasar en un instante. Entrar a una prisión de adultos con catorce años daba miedo. Aunque era bastante grande para mi edad, fue un shock. Imagínate estar con chicos de tu edad y de repente en un ambiente de adultos. Traté de poner cara dura, pero por dentro estaba muerto de miedo.

Me escoltaron al penal junto con dos más. Nos llevaron a un sótano en el edificio de administración para procesarnos. Eso significaba fotos, huellas digitales y un número de prisión. Luego una ducha y mucho papeleo.

Después del proceso me llevaron a un bloque de celdas (Casa de Celdas Este). Primero me dieron un corte al rape. La casa de celdas era enorme. Muy intimidante. Cuando terminó el corte nos llevaron fuera de la casa de celdas y al patio. Caminábamos hacia un lugar llamado RDC (Centro de Recepción y Diagnóstico). Ahí llevan a todos los presos nuevos para evaluación. Me hicieron muchas pruebas para decidir dónde viviría, trabajaría o si iría a la escuela. Luego vinieron pruebas mentales. En el camino a RDC, escoltado por oficiales, miré rápido la prisión. Era como algo que ves en una película o en la tele. Pero esto era real.

Al caminar por la acera hacia RDC vi una gran fila de gradas llenas de presos jugando cartas y platicando. Era aterrador para un niño de catorce. Estaba asustado, pero intentaba lucir duro. Estos tipos parecían enormes. Musculosos, tatuados, cabezas rapadas y de todas las razas. Se veían intimidantes.

Miré alrededor y vi muros grises de treinta pies de alto con torres de vigilancia. No podía creer que estaba en un lugar así. Todos esos presos nos miraban, silbaban, nos gritaban y hacían todo para asustarnos. Finalmente nos llevaron a RDC. Al entrar nos dieron un libro de reglas, una asignación de litera y una bolsa de tabaco Bull Durham.

Los oficiales nos dejaron claro todo para que estuviéramos bien conscientes. Este lugar tenía dos pisos. Ambos iguales, llenos de literas, excusados y lavabos. Era un dormitorio abierto. En otra sección había oficinas y salas para las pruebas mentales.

Yo era tan joven que no sabían qué hacer conmigo. En Nebraska en 1969 había una regla que decía que si eras menor de dieciséis no podías vivir en la población general hasta cumplir los dieciséis. Tenían que decidir qué hacer conmigo. Estaba bien por ahora porque estaba en orientación, no en población general. Pero RDC dura solo treinta días, así que aún buscaban una solución. Incluso trajeron a presos de cadena perpetua para hablar conmigo y tratar de hacerme entrar en razón antes de que tuviera problemas serios. El director, Maurice Sigler, pensó en que un consejero me llevara a casa en las noches y me matriculara en la escuela del penal durante el día. Pero decidieron no hacerlo, aunque era legal.

Cuando terminó mi orientación decidieron enviarme al reformatorio estatal. Quedaba a unas cinco millas de la prisión. El reformatorio era lo que llamábamos la Escuela de Gladiadores. Ahí ponían a los presos más jóvenes. Seguía siendo violento, pero con un tipo más joven, de entre dieciséis y veinticinco años. Aunque eran jóvenes, la ley estatal no permitía a nadie menor de dieciséis en la población general. Pensaron en regresarme a la Escuela de Entrenamiento de Niños en un lugar llamado Dixon Hall. Pero como era convicto eso no era posible. La única solución era que me pusieran en confinamiento solitario en el reformatorio hasta que cumpliera los dieciséis. Entonces me regresarían a la población general. Yo tenía catorce años y medio, así que iba a estar en solitario un año y medio.

El solitario era como suena. El reformatorio era una gran casa de celdas (de ladrillo rojo). Un lado tenía celdas para cuatro personas, el otro lado celdas individuales. Tenía cinco niveles en cada lado. En uno de los niveles bajos había un área llamada seg (segregación). Estaba cercada y separada de la población general. Era una fila larga de celdas con puertas con barrotes y malla de gallinero.

Después de procesarme en el reformatorio me llevaron a una celda solitaria dos oficiales. Me pusieron esposas y grilletes. Me dieron overoles a rayas y un rollo de cama. Apenas llegamos a la casa de celdas me asignaron una celda. Quedaba casi al final del pasillo. Había por lo menos veinticinco celdas por pasillo. Lo único en esa celda era una litera de metal encadenada a la pared y un excusado. La celda medía 6 por 8 pies.

Así que ahí iba a vivir hasta cumplir dieciséis. En ese tiempo no había electricidad en las celdas. No había televisión ni radio, especialmente en seg. Tenía que estar ahí las 24 horas del día, excepto un día a la semana que me dejaban salir una hora al patio cercado. Lo único que esperaba con ganas era la siguiente comida.

Me daban dos duchas a la semana, usualmente de diez minutos antes de que cortaran el agua. Eso dependía del guardia. Me daban tres comidas calientes porque no estaba castigado por reportes disciplinarios. Estaba en seg por mi edad.

Los que estaban en seg por castigo tenían dieta blanda: una taza de farina en la mañana con dos piezas de pan. No había almuerzo. La cena era dos piezas de pan, un plato de papel con verduras y, si tenías suerte, una papa hervida. Había muy poco movimiento. Mis días duraban lo que mi mente me permitía crear para no volverme loco del aburrimiento.

Fue una etapa dura de mi vida. Mentalmente fue muy fuerte. Viví en ese encierro hasta que cumplí dieciséis, el 1º de agosto de 1970. Ese día finalmente me pusieron en la población general. Después de estar encerrado en una celda tan pequeña 24 horas por día durante año y medio, fue un gran alivio tener más libertad para andar.

Me pusieron en la casa principal del reformatorio. Me asignaron una celda individual y me pusieron en la escuela. La última vez que estuve en la escuela fue en la Escuela de Entrenamiento de Niños de Kearney. Iba a la escuela medio día y el resto del día trabajaba en un empleo asignado por el estado. Por la noche nos dejaban salir dos horas a recreación mientras aún había luz.

Siempre me interesó el entrenamiento con pesas, así que aproveché para hacerlo. Me iba bien y me estaba adaptando. Pero con el tiempo me volví cada vez más hostil. Tenía problemas para aceptar órdenes de cualquier autoridad. Había guardias que solo hacían su trabajo, cumplían sus ocho horas y ya. Pero otros eran agresivos y abusivos, con actitud de poder. Esos creaban muchos conflictos innecesarios con los presos.

Después de muchos reportes disciplinarios me metían y sacaban del confinamiento solitario una y otra vez. Parte era culpa de su falta de habilidades sociales. Yo era un chico buscando mi identidad y reputación en la prisión. En lugares así, si un chico no tiene buena guía puede terminar con ideas retorcidas en la cabeza. Si no controlas tus pensamientos, no en forma positiva o constructiva, puedes arruinarte a ti mismo y a los que te rodean. Los chicos que pasan por estos lugares tienen miedo. Así que por miedo suelen tratar de crear una reputación. Aunque no sea nuestro verdadero yo, creamos esta imagen falsa para ocultar nuestro miedo.

A veces podemos salir de esa imagen, pero otras veces nos metemos tanto que nunca volvemos hasta que es demasiado tarde. Entonces eso se vuelve nuestro verdadero yo. Dado eso, empezamos a buscar reputación. Una vez que tienes reputación no puedes dejarla cuando quieras.

Déjame explicarlo. Es como en el Viejo Oeste, cuando un pistolero se hacía famoso por matar gente. Nunca podía colgar las armas, por viejo que fuera. Un joven siempre intentaba retarlo para quitarle su fama. No es diferente de la reputación en prisión. Empieza con desobedecer una orden del guardia, luego se vuelve verbalmente abusivo. Finalmente estalla en peleas violentas. De ahí sale la reputación. Pero todo nace del miedo, miedo a lo desconocido. Supongo que es paranoia, que corre como incendio en prisión. Si esto suena exagerado, no lo es.

Yo empecé resentido con cualquiera que tuviera autoridad para decirme o pedirme algo. Mi primera muestra de hostilidad fue en la Escuela de Entrenamiento para Niños a los trece años. Después creció en el reformatorio. Agredí a un consejero en la escuela de entrenamiento. Hice un ataque sorpresa. Cuando no miraba, lo golpeé en el ojo con un arma. Luego la agresividad siguió en el reformatorio. Golpeé a un teniente con un taburete de madera. Como ves, ya estaba trabajando para ganarme una reputación.

Después de varias situaciones violentas en el reformatorio me transfirieron permanentemente a la prisión estatal en Lincoln, Nebraska. Era 1971 y yo tenía diecisiete años. Tenía serios problemas para controlar mi ira y odio. Me pusieron bajo constante cuidado de un psiquiatra de la prisión para terapia intensiva. Medicación para mantenerme calmado y todo lo demás.

Rechacé toda su ayuda. Por eso me enviaron a la unidad de aislamiento tras los muros de la Gran Casa. Una verdadera prisión. Estaba tan empeñado en ganar reputación que no veía nada a mi alrededor.

Robert Clark

Capítulo 11
La Gran Casa

Para mi edad ya estaba bastante rudo y tenía buen tamaño para un chico de dieciséis años. Pero eso no significaba nada en la Gran Casa. Estaba encadenado, esposado de la cintura y con grilletes en los pies; me llevaban del reformatorio a la penitenciaría para cumplir esta vez en la población general. Recuerda, tres años antes, en 1969, ya había estado en la Gran Casa con catorce años. Pero solo estuve treinta días en el Centro de Diagnóstico. Luego me enviaron al reformatorio por mi edad. Esta vez tenía dieciséis, así que ya era lo suficientemente grande para vivir en la Gran Casa.

Al llegar me llevaron al Centro de Ajuste (el hueco). El Centro de Ajuste es tal cual su nombre. Es un edificio de un solo piso lejos del resto de la prisión. Está en el extremo sur del penal. Es de concreto y tiene tres niveles: galería A, galería B y galería C. La galería A es lo que llaman manejo intensivo. Tiene dieciocho celdas individuales. Las celdas tienen una litera de concreto, un excusado de acero inoxidable con un lavabo adjunto. Un colchón y una luz fluorescente que brilla las 24 horas, aunque de noche se atenúa un poco.

Manejo intensivo significa segregación a largo plazo en estos vagones, como parecen. Las puertas de barrotes tienen láminas metálicas soldadas encima para hacerlas muy seguras, dando una sensación permanente de desesperanza. Tienen una pequeña trampilla con cerradura que siempre está cerrada, salvo para dar la comida o pasar el correo y los materiales de limpieza. La permanencia en esta unidad varía según el cargo. Usualmente es para agresiones violentas contra guardias o presos. Esto garantiza una larga sentencia en la celda. Te permiten una hora de recreo al día si hay tiempo, tres duchas por semana y el resto del tiempo estás encerrado.

La galería B es aislamiento por tiempo corto. Normalmente de quince a noventa días por faltas menores, como análisis de orina sucio (UA), insultar a un guardia, cosas así. La galería B tiene dieciocho celdas. La galería C tiene cuatro celdas llamadas celdas de desnudo (strip cells). Son para quienes violan las reglas dentro del Centro de Ajuste. Las celdas solo tienen una litera de concreto y un excusado. No te permiten material de lectura, salvo tal vez una Biblia si tienes suerte y alguien te la trae. Hasta eso te la quitan si te portas mal. Estas son puertas de golpe (slam doors). Los guardias controlan la luz desde afuera, así que pueden tenerte en completa oscuridad durante toda tu estancia si haces lío.

Imagínate estar en un hueco dentro de otro

hueco. Cuando llegué del reformatorio no era extraño para mí el confinamiento solitario. Había pasado dieciocho meses de encierro estricto por mi edad. Aunque esto era un poco diferente porque era una cárcel dentro de otra cárcel. No sabía en ese momento que pasaría muchos años en este edificio.

Mi primera estadía en la celda desnuda fue treinta días en la galería C. Les gusta mostrarles a los chicos que vienen del reformatorio lo duro que es la penitenciaría. En el desayuno daban dos rebanadas de pan blanco y un tazón de harina de maíz (grits), sin azúcar. No daban almuerzo. En la cena te daban un plato de papel con una papa y zanahorias, o tal vez remolachas. No me gustaba ninguna, pero con el tiempo aprendí a amarlas. Cuando el hambre te domina, el sabor es lo de menos.

Te mantienen con esta dieta por al menos treinta días y luego te regresan a la población general. Pero si estás en el Centro de Ajuste por violencia te transfieren a permanentes cuando tu tiempo en seg termina. (Permanentes significa que te quedas en el ala permanentemente, salvo que te manden a otro estado.) Esto fue en 1970, así que mucho ha cambiado desde entonces.

Cuando cumplí mis treinta días me sacaron del Centro de Ajuste y me movieron a la población general. Me asignaron a la Casa de Celdas Este, que tenía celdas para cuatro y para una persona.

En ese entonces las casas de celdas estaban segregadas. Blancos, mexicanos y nativos americanos estaban en la Casa de Celdas Este. Todos los negros estaban en la Casa de Celdas Oeste, que tenía celdas individuales. También había otras razas en la Casa Oeste. En ese tiempo no permitían negros en la Casa Este. Después de demandas ganadas, las casas se integraron en 1971. En Nebraska en los 60 y 70 todas las razas se llevaban bastante bien, así que nunca entendí por qué la prisión estaba segregada racialmente.

Mi trabajo era en la cocina medio día y el otro medio día ir a la escuela. Mi interés por la educación era cero. Adaptarme a la Gran Casa fue diferente. Quería encajar, pero por dentro estaba asustado, de verdad aterrado. Mis primeros años en prisión fueron un tiempo de miedo abrumador. Por eso busqué hacerme una reputación. A los dieciséis tenía que desarrollar una actitud rápido para que supieran que tenía agallas. Muchos jóvenes elegían la custodia protectora o terminaban siendo maricones (homosexuales de prisión) que eran explotados si no mostraban corazón.

No iba a dejar que eso me pasara. Así que tuve que enloquecer rápido, rápido y con prisa. Andaba por el patio en un estado vidrioso buscando a alguien para atacar por mi propio miedo. Es un dilema infernal. No tiene sentido, pero es lo que hay. Sobrevivir hace que una persona haga cosas que normalmente no haría.

Aquí está el escenario. Un niño de catorce años en una prisión de adultos lleno de miedo, pensando: "Alguien va a hacer un movimiento contra mí, mejor pego primero. Si la gente aquí piensa que estoy loco, tal vez me dejen en paz."

Esa es la realidad para un joven en prisión. No es

excusa, es un hecho. En los 60 y 70 la prisión era muy diferente. Es realmente impactante, tan diferente. En esos tiempos había mucha más violencia que ahora. Créeme, llevo más de cincuenta años encerrado. En aquel entonces, si eras un adolescente en prisión de adultos tenías que pelear por tu vida o terminarías siendo el maricón de alguien o en custodia protectora.

Yo tomé el camino duro. No sé si fue lo correcto, pero en ese momento era la decisión que elegí. Empecé en el centro juvenil combativo. Nunca tuve miedo de pelear. Pero cuando haces tiempo en la Gran Casa esos tipos juegan en serio. Para algunos la pelea no significa nada. Así que tu pensamiento tiene que volverse violento. Quiero decir que tienes que estar dispuesto a ir más fuerte que el siguiente. Sé que suena loco, pero la prisión es un lugar loco.

Mirando atrás en mi vida, no puedo creer las cosas a las que tuve que recurrir solo para sobrevivir en esas condiciones violentas. Ningún joven debería estar en una prisión de adultos. ¡Bajo ninguna circunstancia!

El sistema penitenciario actual está lleno de jóvenes y para ellos es mucho más fácil adaptarse. Cuando yo entré, ser joven en una instalación de adultos era raro. Éramos la minoría entonces, mientras que hoy los jóvenes son la mayoría. Así que en ese tiempo los jóvenes eran la presa. La regla de la selva es o te muerden o muerdes primero. Antes de que me encerraran no tenía ni un hueso violento en el cuerpo. Nunca había pensado en esas cosas antes de estar preso. Las prisiones son caldo de cultivo para la violencia y la hostilidad. Sé que se necesitan prisiones para proteger a la sociedad. Pero en realidad, solo un pequeño porcentaje de presos necesita estar encerrado para siempre. El resto podría ser productivo si les dieran la oportunidad y los recursos.

Volviendo al tema de los jóvenes en prisiones de adultos, eso los arruina completamente, no hay término medio. O te vuelves un caso perdido o terminas como un maniaco violento y autodestructivo. Y yo fui uno de esos. Corriendo por la penitenciaría con catorce años, buscando una reputación para apuñalar o golpear a alguien con una tubería. Estos lugares crean gente peligrosa por las circunstancias en que los ponen. Queriendo demostrarle a los presos más viejos que estaba a su nivel y que tenía tanto corazón como ellos.

Intentaba ganar ese respeto por cualquier medio. Peleaba, insultaba a los oficiales — cualquier cosa para hacer el papel del tipo duro. Recuerda que empecé con una sentencia de 2 a 3 años en 1968 — bueno, en realidad cuatro meses porque empecé en el Boys' Training School en 1968. Todavía no he salido.

Tuve un enfrentamiento con un guardia en la lavandería de la prisión cuando era adolescente. Faltaba un año para salir cuando pasó. Me acusaron de apuñalar con intención de asesinato. Ese fue el cargo que convirtió mi inocencia en la de un maniaco violento.

Quien lea esto, por favor entienda que no importa con qué cargo o sentencia entres a la cárcel, eso NO significa que vas a salir hasta que realmente salgas.

Me llevaron al centro y me acusaron de este delito en el Tribunal del Condado de Lancaster, en Lincoln, Nebraska. Me juzgaron, me declararon culpable de apuñalar al oficial correccional en el pecho y la espalda. También me acusaron de ser un criminal habitual. Me declararon culpable, aunque mi primera condena fue a los catorce años y no era un delito violento. Me clasificaron como criminal habitual a los dieciocho. Hoy eso no se sostendría — un menor con un delito grave no violento. En ese entonces no existían los derechos legales.

El juez me dio una condena no mayor a sesenta años y no menor a treinta. Eso fue un choque de realidad. Me metió en la cabeza pensamientos de más violencia. Por alguna razón el juez sintió lástima por mí y redujo la sentencia a 10–30 años. Dijo que todavía era joven y que si dejaba de autodestruirme podía hacer algo de mi vida. Todo lo que vi en mis ojos fue dolor, rabia y desesperación.

Todo sonaba bien, la reducción de tiempo. Pero en el fondo estaba atrapado. Sentí que era para toda la vida. Finalmente tuve éxito en mi propia paranoia. Conseguí la reputación en prisión que buscaba, ahora tenía que mantenerla.

Primero vino el cargo, luego la condena, después la sentencia. El trauma que causé a mi familia fue igual al que causé en la vida y familia del oficial. La pequeña familia que me queda sigue apoyándome después de más de cincuenta años de encarcelamiento.

Ahora viene el confinamiento solitario. Al entrar a la celda y cerrarse la puerta detrás de mí, la realidad cayó. El juego había terminado. Siempre pensé que las celdas solitarias servían para hacer que uno pensara en lo que hizo mal. Muy pocos salen mejores que cuando entraron.

Un joven que entra en confinamiento solitario desde la población general — es un choque para su sistema. En la población general tienes más libertad: TV, radio, pesas, béisbol, baloncesto, llamadas, trabajo. Pierdes todo eso al entrar al solitario. Estás en una jaula pequeña 23 horas al día. Libertad muy limitada. Solo sales para ducharte tres veces a la semana y una hora de patio en lo que es básicamente un corral de perros. Y solo si tienen tiempo y personal para eso. Cada vez que sales te encadenan de cintura y tobillos. Es muy duro mentalmente. Tienes que leer lo que puedas y hacer ejercicios en la celda: flexiones, abdominales, correr en el lugar, lo que puedas inventar.

Tienes que crear una rutina diaria para pelear el aburrimiento. La gravedad de la falta disciplinaria determina cuánto tiempo estarás en aislamiento. Puede ser días, meses o años. Algunos hombres tienen más aguante que otros y resisten más. He visto hombres volverse completamente locos por esta experiencia.

Mi estancia en solitario por la agresión fue casi dos años. No pensé que terminaría. Me decía una y otra vez que iba a arreglar mi vida joven y seguir las reglas. Pero recuerda, mi reputación en prisión aún estaba en juego. Tenía que seguir el papel aunque en realidad no era yo. Volví a la población después de dos años y tuve problemas otra vez. Tenía casi veinte y no tenía sentido común.

Esta vez volví a solitario por asociación. Déjame explicar. Es "culpable por asociación." En prisión te juzgan por con quién andas. Si están en actos ilegales, tú también puedes caer. Es así la vida en el penal. Ni siquiera sabía por qué estaba en el hueco. Al día siguiente supe que era inocente, pero me metieron por eso igual. Supe que uno de mis amigos hizo algo y me acusaron también. Pasé diez meses en solitario por eso. Para cuando me trasladaron del reformatorio a la Gran Casa ya había pasado casi tres años en solitario, más el año y medio que estuve en el reformatorio por mi edad. En cinco años en el sistema de prisiones de adultos, cuatro años y medio los pasé en confinamiento solitario y apenas tenía veinte.

No quiero desviarme de la historia original del manuscrito, que es para distribuirlo a jóvenes y cualquiera que lo lea. Quiero mostrarles cuán serio puede ser todo lo que hagan y que puede resultar en una vida de miseria. Recuerda, empecé con un cargo de vandalismo y básicamente cuatro meses de sentencia. Lo convertí en una condena de treinta años. Esta pesadilla que escribo es solo el comienzo. Empecé este manuscrito en 1995, pero lo tuve que parar por un cargo de custodia que tuve aquí en la prisión. El proyecto estuvo en pausa varios años antes de volver a él. Voy a conectar todo antes de llegar al final.

Después de esos últimos diez meses en el hueco

(por algo que ni sabía), supongo que solo reforcé mi reputación. Recuerda, eso era lo que buscaba. Finalmente me soltaron a la población general y estaba aún más decidido a volverme violento.

Algo que me ayudó a calmarme fue la llegada de mi hermano menor, Bill, al sistema penitenciario. Siempre pensé que era el menos probable en la familia para acabar en prisión. Cumplió tres años y dejó a nuestra mamá histérica. Siempre fue muy cercano a mamá y era un buen chico. Eso la afectó mucho. Cuando supe que tenía problemas fuera, no lo podía creer. Siempre jugó limpio.

Mamá me dijo que no dejara que nada le pasara y que lo mantuviera fuera de problemas. Así que tuve que alejarlo de malas influencias. Eso me ayudó a evitar problemas porque lo cuidaba. Traté de mostrarle el camino correcto, no el que yo había aprendido. Recuerda que cuando tienes un hermano menor, tus acciones influyen mucho en él. Si actúas bien y positivo, usualmente te sigue. Y lo mismo pasa si actúas mal y negativo: te sigue.

No me daba cuenta en ese momento porque estaba consumido conmigo mismo y mi camino de autodestrucción. Así que cuando hacemos nuestras malas acciones, los más jóvenes de la familia siguen nuestro ejemplo. Lo mismo pasa con las buenas acciones.

Los siguientes dos años y medio en prisión me fueron bien porque no podía darme el lujo de problemas. Cuando mi hermano salió en 1979 lo extrañé mucho pero me alivió que estuviera libre otra vez. Era tan ingenuo que no veía que había hecho algo responsable y positivo para él y para mí. En ese tiempo no entendía esa lógica ni de qué se trataba.

Justo después de que salió, volví a meterme en problemas en prisión. Volví a autodestruirme. Y me acusaron otra vez. Esta vez por portar un arma oculta (cuchillo) dentro de la prisión. Eso fue otro delito grave. Me dieron una condena de uno a tres años adicional a mis otras sentencias. Así que ahora tenía una sentencia de 11 a 33 años.

Me estaba volviendo todo un veterano en aguantar el tiempo duro en el calabozo. No hay nada bueno que salga del aislamiento prolongado. Puede destruir tus nervios y desorganizar completamente tu mente. En mi caso, me estaba dejando consumir por el odio. Pasé ese año en el calabozo y me soltaron otra vez. Me dije a mí mismo que esta vez era la última. Estaba cansado de estar acostado en esa celda 23 a 24 horas al día.

Sabía que tenía que cambiar mi estilo de vida. Siempre me había encantado levantar pesas, así que me volví bueno en eso, a pesar de todos mis años en confinamiento solitario. Empecé a competir en eventos de levantamiento de potencia. Había ganado algunos trofeos y en realidad estaba empezando a encarrilar mi vida haciendo cosas positivas. Tenía un propósito en la vida. Ahora solo necesitaba una identidad positiva. A veces el ambiente negativo y hostil de la prisión puede impedir todos los intentos de rehabilitación, especialmente si uno deja que las influencias negativas afecten sus decisiones.

Como dije, hubo un período en el que todo lo que hacía era levantar pesas. Hice toda la investigación que pude sobre este deporte y me dediqué por completo. Tenía un trabajo en la cocina, así que comía todo lo que podía. Pasé de levantar 185 libras en press de banca a casi 500 libras. Así que por un tiempo ahí estaba mi corazón.

Es muy fácil desviarse en estos lugares, así que no pasó mucho antes de que estuviera otra vez en medio de cosas malas. Siempre he sido un solitario en la prisión, pero no importa quién seas, siempre tienes un par de amigos especiales. Aquí es donde entra la lealtad. Si ellos tienen problemas, tú también los tienes, sin importar la circunstancia. Es una forma de vida en la prisión. No estoy poniendo excusas, solo es un hecho. El ambiente en la prisión a veces es inimaginable.

Mi siguiente altercado fue otra apuñalada, esta vez con otro preso. Nunca se comprobó del todo, pero igual me mandaron a confinamiento. Esta vez me tenían en el calabozo en espera de investigación. El Departamento de Correcciones (D.O.C.) trataba de juntar suficiente evidencia para acusarme en el tribunal de distrito por otro delito grave. La falta de evidencia me salvó de eso. Me tuvieron un año en el calabozo por la investigación. Cuando no pudieron acusarme, me soltaron de nuevo a la población general. Apenas pisé el patio, volví a mis caminos autodestructivos. Era como si siempre tuviera algo que demostrar. Cuando miro mi pasado, todavía no puedo creer en la mentalidad en la que estaba.

Desde los primeros años en prisión ha habido una lucha de poder entre el personal correccional y los presos. Los presos intentaban controlar el lugar y el personal se aseguraba de que eso no pasara. Ahí es donde empezaban los problemas entre ellos y nosotros. Además, había muchos instigadores de ambos lados. Algunos presos empezaban rumores falsos, luego se sentaban a disfrutar gratis viendo la pelea. Cuando digo "gratis" me refiero a que se entretenían a costa de la ignorancia de alguien más. Los instigadores se quedaban atrás, provocaban a los tontos, y luego tenían asiento de primera fila para el espectáculo. Cuando salí del confinamiento en 1981, había instigadores y yo era el tonto que estaba a punto de dar un show gratis.

Apenas entré al gimnasio, todos estaban ahí hablando mierda. Decían que iban a hacer esto y aquello. Así es el sistema penitenciario de Nebraska en su esplendor. Me metí directo en la línea de fuego. Los presos me preguntaron qué opinaba de hacer la guerra contra la policía. Yo respondí: "¿Están locos? Déjenme tener un rato en el patio." Acababa de salir del confinamiento, así que ni siquiera escuchaba toda esa mierda. Hice lo mío, busqué una rutina y me mantuve al margen.

Me iba bien unas dos semanas, hasta que pasó un incidente desafortunado. Ya les había hablado antes de la lealtad. Esta vez me mordió fuerte. El "escuadrón de matones" arrestó a cuatro de mis amigos por varios cargos. Éramos al menos seis muy unidos. Dos de nosotros no fuimos arrestados con los otros cuatro y quedamos en la población general. Nuestros cuatro compañeros fueron llevados al calabozo, donde seguían portándose mal. Peleaban con el personal, lanzándoles cosas, y ellos respondían. El personal empezó a cortarles la comida, y luego les echaban manguera encima. (Todo esto antes de poner chapa y metal sobre las puertas de las celdas.) Al final, el personal entró al calabozo y les quitó todo de las celdas.

Esta pequeña guerra entre presos y personal duró un par de semanas. Un compañero me pasó la voz en el patio sobre lo que estaba pasando abajo. Lo pensé mucho. Pero mi lealtad seguía con mis compañeros. No quería volver al calabozo, así que pensé mucho qué iba a hacer. Sabía que iba a hacer algo. Después de meditarlo, decidí jugármela.

Junté mis ideas y decidí ir a la guerra contra el personal otra vez. Junto con mi compañero John Z, íbamos armados con un cuchillo y una barra de metal. El primer ataque fue en la biblioteca, donde un oficial fue apuñalado y golpeado. Otros dos oficiales acudieron a ayudar y también fueron apuñalados y golpeados. Para cuando terminó todo, tres oficiales casi perdieron la vida. John Z y yo fuimos arrestados y acusados por esos brutales ataques. Quiero decir que fueron actos sin sentido, pero con todo lo que me había pasado en la vida, sin excusas, esos ataques no eran sorpresa. Sentí que mi vida pasó ante mis ojos. Las golpizas a manos de los oficiales, la tortura mental de años y años en aislamiento, el odio y la rabia de la encarcelación prolongada, todo explotó de golpe. Sé que somos nuestro peor enemigo, pero ¿quién paga por todo el daño que me hicieron? Nadie, solo yo. Así que supongo que estaré mal sin importar la circunstancia. Estas prisiones y centros de menores están llenos de odio violento y profundo. Esto es lo que usualmente pasa.

Después de eso, John Z y yo fuimos escoltados al Centro de Ajuste de la prisión bajo seguridad extrema, con el alcaide y subalcaide presentes. Sabía que esto iba a ser una larga estancia en el calabozo, con la posibilidad de no volver a la población general. Pero con la mentalidad que tenía, estaba preparado para cualquier cosa. Ya había pasado por esto antes, aunque no a este nivel.

Me sentía mal por mi familia. Sabía que esto iba a lastimar a mi madre, aunque creo que ella siempre entendió por qué soy así. John Z y yo fuimos puestos en una celda desnuda, una celda sin nada más que el cuerpo. Estuvimos detrás de una puerta pesada por unos meses, tan oscuro que no podíamos ver nuestra mano frente a la cara. Después de unos meses nos movieron a la galería B, una ligera mejora de la galería C. En lugar de la puerta pesada, estábamos tras una puerta con jaula. Debíamos quedarnos ahí dos años hasta el siguiente movimiento.

Nuestros primeros dos años en el calabozo fueron muy duros. Dos duchas por semana, sin visitas durante un año, muy poco correo. Sobrevivir en el calabozo es una lucha diaria. Tienes que armarte una rutina o te vuelves loco. Treinta o noventa días en el calabozo no es nada, pero año tras año es difícil. Estás aislado en una celda del tamaño de un baño pequeño. Imagina vivir en un espacio cerrado y apretado así por años. El primer año no quería hacer nada, solo esperar a la ducha, cuando podía. Todo lo que hacía ese primer año era soñar despierto.

Nos llevaron al juzgado para la audiencia dentro de una semana para enfrentar todos los cargos. Los cargos sumaban nueve delitos graves cada uno. Salimos del tribunal enfrentando 480 años. Como nos asignaron abogados, los rechazamos y terminamos defendiéndonos solos. Lo más estúpido que pudimos hacer. Primero tuvimos que enfrentar cargos institucionales. Por esos asaltos nos sentenciaron a nueve años en confinamiento solitario. Ahí supe que tenía que adaptarme a esa celda para no perder la cabeza. Cambié mis días y noches, me quedaba despierto en la noche para leer y estudiar leyes. Tenía que representarnos a John Z y a mí en el tribunal.

Estudiar por la noche era una opción porque durante el día había mucho ruido con todos los gritos y alborotos entre los presos. Hacíamos tableros y piezas de ajedrez y jugábamos para pasar el tiempo. Desarrollamos ejercicios diarios. Así que hacíamos lo mejor para crear una rutina estructurada en un entorno anormal.

La comida no estaba mal, así que podíamos mantenernos saludables. Mentalmente, sin embargo, era otra cosa. Durante los dos años en la galería B no se nos permitían aparatos electrónicos. Luego nos trasladaron a la galería A, que es para la "partida permanente". Eso significa que permanecerías en ese ala permanentemente a menos que te transfirieran a otro estado. Una cosa buena de esta ala: nos dieron nuestros aparatos electrónicos. Un televisor o radio hacía más fácil sobrellevar el aburrimiento. Pero aún estás encerrado en una pequeña jaula con láminas de metal soldadas en las puertas. No fue fácil, créeme.

Una de las cosas más difíciles del aislamiento es no poder comunicarse de manera normal o adecuada. Me refiero a poder mirar a alguien mientras le hablas. El ruido es muy intenso. Hay presos que están en fuga y se sienten muy solos, y solo hablan todo el tiempo. Yo siempre he sido callado, así que podía adaptarme mejor que la mayoría. La falta de comunicación no es saludable. Hace algo a tus facultades mentales. Los segundos se convierten en minutos, los minutos en horas, las horas en días, los días en meses, los meses en años.

Unos días eran peores y otros mejores. Creo que sobrevivía solo con odio. Repasabas tu vida una y otra vez, buscando respuestas y soluciones. El calabozo está diseñado para que la persona piense en lo que hizo mal. Con el pasar de los meses, nos preparábamos para el juicio. Nunca tuvimos acceso a una biblioteca de leyes, pero podíamos sacar algunos libros por semana. Aprendimos instrucciones para el jurado, cómo preparar la selección del jurado y lo que pudiéramos.

Cuando se acercó el juicio, estábamos lo más

preparados posible. El juicio duró una semana. El jurado tomó su decisión en un par de horas. Nos declararon culpables en todos los cargos. Luego nos hicieron una investigación previa a la sentencia. Un mes después nos sentenciaron a un mínimo de 110 años y un máximo de 189 años. Así que con los 11–33 años que ya tenía, mi sentencia total era ahora de 121–222 años. Sabía que mi oportunidad de volver a ser libre se había ido.

Solo llevaba dos años en el calabozo cuando nos sentenciaron a todo ese tiempo. No pensaba que John Z ni yo volveríamos a ver la luz del día. Dentro o fuera, tenía que empezar a encontrar algo para canalizar mi ira, pero no sabía qué iba a hacer. Me dije a mí mismo que iba a manejar esto a cualquier costo. Primero, empecé a estudiar todos los libros de leyes que pude encontrar. No para buscar un resquicio legal, sino simplemente para ejercitar la mente. Leía mucho, pero siempre necesitas más desafíos mentales. Después de un tiempo, todo se vuelve monótono cuando estás encerrado.

Me volví lo suficientemente bueno para entender cómo presentar la mayoría de los asuntos legales. Presentamos nuestras apelaciones y las perdimos, lo que era esperado. No puedes agredir a tres personas frente a todos y esperar que te crean. Por ese crimen, nunca esperé ser absuelto. Quería arrojar algo de luz sobre el sistema en general. Siento que el sistema correccional también tiene culpa. Nadie pagó por todas las atrocidades contra mí. Los golpes que recibí de los guardias, el hambre, las condiciones brutales. Todo el sistema es un fracaso.

Pon a un niño con una manada de lobos y probablemente lo convertirás en un lobo, y un lobo rabioso a eso. Supongo que siempre espero lo peor, así que espero que sea como es. No pongo excusas. Después de estudiar leyes, al menos sé cómo defender los pocos derechos que tengo. Todavía creo que somos producto de nuestro ambiente, tanto en la sociedad como en la prisión.

Nadie realmente ve lo que hay debajo de la superficie de una prisión. Te dejan ver lo que quieren que veas. Estar en aislamiento es muy diferente a estar en la población general. El aislamiento vuelve locos a los hombres sanos. Para quienes ya tienen una enfermedad mental, el aislamiento lo empeora.

Aunque hice del estudio de leyes una parte diaria de mi rutina, no podía dejar que dominara mis otros hábitos diarios. Si nunca equilibras tu rutina, puede arruinar tu salud mental. Si canalizas toda tu energía en una sola cosa, puedes perderte en tu propia mente. La ley puede ser muy frustrante. Es como una partida de ajedrez muy dura. Justo cuando encuentras un resquicio, o crees que lo encontraste, ellos (los tribunales) encuentran uno mejor que el tuyo. Conocer la ley es un buen recurso en prisión. La mayoría de los presos son analfabetos en cuanto a leyes, así que alguien siempre necesita ayuda legal. Ya sea con los informes disciplinarios que recibimos, el sistema de quejas o el acceso a los tribunales externos.

Si hubiera aprendido a pelear con libros de leyes en lugar de con las manos, no estaría en la posición en la que estoy hoy. Pero no importa las cosas que puedas idear, aún tienes que enfrentar la realidad diaria de la vida en el calabozo. Hubo guerras reales en el calabozo, generalmente con el personal, ocasionalmente entre ellos. Aunque usualmente salimos perdiendo. A pesar de que ellos prevalecen a la larga, también quedan dañados psicológicamente por estas batallas. Cuando le escupes a un hombre, o le tiras orina o excremento, tiene que cargar con eso toda la vida.

Enfrentamientos interminables como estos afectan a los oficiales desde un punto de vista del estrés. Empiezan a resentir todos los memorandos del personal superior, poniendo reglas absurdas que tienen que hacer cumplir. Así que se oyen comentarios frecuentes de los oficiales sobre las reglas de los altos mandos y lo que les imponen. Dicen que ellos (el personal superior) están en sus oficinas cómodas, mientras nosotros estamos aquí peleando con los presos. Es como si pensaran: "Ojalá el alcaide viniera aquí a las unidades de aislamiento cuando estos tipos están haciendo tonterías." Algunos oficiales realmente quieren que ellos reciban el trato que nos dan a diario. Bueno, yo vi esto pasar cuando estuve en las unidades solitarias de la Prisión Estatal de Nebraska.

Un nuevo alcaide había sido contratado para dirigir la prisión. Durante sus recorridos, él y el subalcaide caminaban por la galería del centro de ajuste. Creo que solo para revisar la seguridad del edificio. Las puertas de las celdas tenían rejas, así que podías meter los brazos por ellas. Cuando el alcaide y el subalcaide llegaron a las celdas desnudas de la galería C, había un tipo en una celda con dos cartones mezclados de excremento y orina listos para lanzarlos a los guardias. Así que en lugar de eso, lanzó ese excremento y orina a las caras del nuevo alcaide y el subalcaide. ¡Qué espectáculo fue eso! Un alcaide y su subalcaide con excremento y orina en la cara y los trajes. Salieron corriendo tan rápido que los oficiales se estaban riendo (aunque no frente a ellos). Pero para los guardias era como si dijeran: "Pasamos por el infierno todos los días con estas batallas con los presos. Ahora ellos sienten lo que sentimos nosotros."

Después de esto, el alcaide ordenó poner láminas de metal en la parte frontal de las celdas. Se aseguraron de que nunca más les lanzaran nada. Me pregunté, ¿por qué esperaron a que les pasara a ellos para actuar? Imagino que los oficiales pensaron lo mismo. Lo que quiero decir es que hay problemas internos entre el personal de la prisión. Nunca quieren que los presos se enteren, pero nosotros lo vemos, y a los oficiales les encanta hablar de eso.

Ha sido así en todos los penales en los que he estado, desde prisiones juveniles hasta reformatorios y penitenciarías. Cuando tratas a las personas en estas prisiones con comportamiento violento, usualmente te devuelven lo mismo. Es como un animal enjaulado que es provocado; se vuelve más y más agresivo por minutos. Eventualmente no puede funcionar socialmente.

Me refiero a tener conversaciones normales, decentes, cotidianas. No tiene habilidades para sobrellevarlo ni niveles de tolerancia. Solo porque una persona violó la ley, no deberías tratarla de forma inhumana, como si fuera un subhumano. La sentencia impuesta por la corte ya es bastante severa. Cualquier cosa más allá de eso no es necesaria. Perder la libertad, la familia y cualquier oportunidad que tengas en la sociedad es castigo suficiente.

No digo que hay que endulzar todo lo que haga una persona, pero no es difícil tratar a alguien como ser humano, sin importar lo que haya hecho contra la sociedad. Tratar a una persona humanamente es crucial para su primer paso de rehabilitación en el camino de regreso a la sociedad. Y la mayoría de presos hoy en día volverán a la sociedad.

Los que nunca saldrán, también deben ser tratados humanamente para que no hagan tonterías mientras están encerrados. Ser tratado como un subhumano genera mucho odio en el corazón de una persona. Empiezas a odiar a cualquiera que tenga placa y uniforme.

Algunos oficiales fomentan el terror en prisión, especialmente en las unidades solitarias. Pueden abrir tu puerta a cualquier hora del día o la noche y golpearte sin decir una palabra. A veces estos ataques son sin provocación. Ni siquiera tienes que decir algo para que pase. Solo por ser quien eres.

Hasta que no has estado en una situación así no puedes imaginar cómo es. Eventualmente te vuelves desconfiado de todos los miembros del personal. Es igual que la situación que pasa ahora en la sociedad con la policía. Estereotipan a ciertos grupos porque tienen miedo. Si se acercan a un grupo, piensan: "Disparen primero y luego investiguen." Usualmente esperan violencia de jóvenes negros o latinos. Así que su mentalidad ya está preparada para disparar primero.

Para un joven negro o latino, cuando ven que un oficial se acerca, automáticamente piensan que les van a disparar. Saben que hay una buena posibilidad de que haya una confrontación que se vuelva violenta. Así que puedes ver que es igual en prisión. Es un choque cultural. Nuestra desconfianza y paranoia tendrá siempre consecuencias graves.

He sido blanco de guardias porque piensan que soy arrogante, o creen que podría estar pensando en asaltarlos. Usualmente en confrontaciones violentas entre oficiales y presos, el preso siempre está en desventaja. Usualmente son cinco o seis guardias saltando sobre un solo preso. Rara vez es uno a uno. Y si es así, el preso sale victorioso. En realidad, el preso casi siempre es golpeado, aunque la ley prohíbe a los guardias usar ese tipo de fuerza.

Lo malo es que es la palabra de un preso contra la de un oficial correccional, así que ya sabes a quién van a creer. De vez en cuando, si los guardias te golpean, puedes presentar una demanda y tal vez ganes si tienes suerte. Esa es realmente la única oportunidad que tienes. Antes había un ombudsman para investigar nuestras quejas contra el personal, pero a menos que te golpearan hasta casi la muerte, no conseguías nada.

Ahora ni siquiera permiten un ombudsman en estos lugares. Si tenemos quejas, ahora solo podemos presentar una reclamación. ¿Cómo vas a ganar una reclamación contra las mismas personas que te jodieron? Son ellos quienes deciden sobre la reclamación. Así que estás atrapado. Una situación sin salida. El personal de prisión pasa por procedimientos de entrenamiento en rotación. Les enseñan que los presos manipulan, mienten y que nunca deben confiar en nosotros. Todo lo que les enseñan sobre nosotros es negativo. Les enseñan y enseñan, que bajo ninguna circunstancia deben confiar en un preso.

¿Cómo podemos esperar confiar en ellos si ellos nunca pueden confiar en nosotros? Algunos presos están todo el día chupándole el culo al personal. Otros hablan muy poco con ellos, solo si les preguntan algo.

Créeme, el personal sabe quiénes son los soplones y quiénes no. Algunos presos aquí están programados para ser soplones. Aprendieron a soplar antes de llegar aquí, en las calles. Así que cuando llegan aquí ya tienen eso integrado. Es fácil para ellos soplar porque lo han hecho desde que estaban en la calle.

Estos lugares son pozos de serpientes y el personal tiene control total. Si siquiera piensan que tienes pelea, te meten años en supermax. Nunca puedes ganar una batalla en prisión, bien o mal. Cuando el personal hace todas las investigaciones, encubren todo, fraudes o como quieras llamarlo. Aunque presos y guardias son humanos, la relación entre ellos es cualquier cosa menos civil. No es lo que yo llamaría humano. Realmente no tenemos nada en común con ellos y ellos no tienen nada en común con nosotros. Siempre van a pensar lo peor de nosotros y nosotros les devolvemos el favor pensando igual de ellos.

Puedes sentir las vibras, los sentimientos negativos, incluso cuando pasas a su lado. Incluso en gestos educados, todo es fingido para evitar confrontaciones. Nosotros pensamos que ellos son malos, ellos dicen que saben que nosotros somos malos. Así que siempre será ellos contra nosotros, nosotros contra ellos.

Siempre he pensado que cuando le das poder a una persona sobre otra, si no es profesional usará su autoridad al máximo. Su trabajo para el estado les da poder sobre los presos. La mayoría de estos guardias no tienen educación, así que de repente están a cargo de la vida de otro y eso se les sube a la cabeza.

Cuando digo que se les sube a la cabeza, me refiero a que exageran en su trabajo. La forma en que hablas con la gente y tu lenguaje corporal influyen mucho en cómo te llevas con ellos. Cuando tratas a alguien como un animal, no esperes que te trate de otra manera.

Muchos oficiales traen sus problemas de casa al trabajo. Me imagino que los bajos salarios que ganan, junto con el estrés diario aquí y en las calles, los ponen en un estado mental que descarga sus sentimientos en nosotros. Supongo que es fácil aliviar la ansiedad y depresión con los presos sin tener que rendir cuentas a nadie más que a ellos mismos. La verdad es que es una situación estresante para ambos, pero es el ambiente que ellos eligieron, y es el lugar donde eligieron trabajar. En lo profundo de su conciencia saben que tienen control total y nosotros también lo sabemos. Pero siempre los enfrentaremos y ellos siempre prevalecerán.

Ahora voy a hablar sobre el racismo en prisión.

Capítulo 12
Racismo en la prisión

El racismo sí existe en nuestro sistema penitenciario. Pero ocurre en todas las razas. He pasado toda la vida con diferentes culturas en prisión: blancos, nativos americanos, hispanos y negros. Como mencioné, cuando entré por primera vez a la Prisión Estatal de Nebraska en 1969, la prisión estaba segregada. Había dos bloques de celdas: el Bloque Este y el Bloque Oeste. El Bloque Este alojaba a blancos, nativos americanos e hispanos. El Bloque Oeste alojaba a presos negros. A los presos negros no se les permitía estar en el Bloque

Este. Como castigo, si eras blanco te alojaban con los negros.

En 1974 un preso blanco presentó una demanda alegando que segregar a los presos era discriminación. Ganó la demanda y la prisión se integró. Hubo algunas confrontaciones violentas por esto, pero al final funcionó para ambas razas. Las celdas del Bloque Oeste eran pequeñas en comparación con las del Bloque Este. Ahora fíjate, en ese tiempo ningún hombre negro podía vivir en el Bloque Este.

Como ejemplo de las diferencias, los retretes del Bloque Oeste eran similares a letrinas. Tenías una tapa en la parte superior donde tenías que apilar libros para que las ratas de las alcantarillas no entraran. Supongo que la razón del Departamento de Correcciones para la separación era que los diferentes grupos étnicos nunca se llevaban lo suficientemente bien como para vivir juntos. Aunque a mí me parecía que se llevaban bien cuando estaban juntos en el patio. Siempre que conviven diferentes culturas, dentro o fuera, habrá conflictos.

En la prisión, los blancos no querían vivir cerca de los negros porque los estereotipaban como muy ruidosos o como ladrones de celda. Por otro lado, los negros pensaban que la mayoría de los blancos eran débiles mental y físicamente. En cuanto a los nativos americanos e hispanos, cada grupo hacía lo suyo. Si surgía algún problema, usualmente se ponían del lado de los blancos, al menos en Nebraska. Y eso fue hace muchos años.

En cuanto a la administración, vi que el castigo era bastante equitativo. Pero siendo negro, tu pensamiento era: "El hombre blanco me oprime porque soy negro." Eso era cierto en cierta medida. Si eras blanco, realmente no podías hablar de racismo porque la mayoría del personal eran blancos. Sé que también he recibido golpizas de oficiales blancos del Departamento de Correcciones, así que no siempre son solo los negros los que son golpeados. En mi experiencia, los presos negros son los más radicales del sistema. Lo que quiero decir es que, aunque fueron enviados a prisión por un crimen, la mayoría siente que no son culpables de nada. Están traumatizados por el racismo en la sociedad y en la prisión. Era difícil siquiera conversar con algunos porque se veían a sí mismos como víctimas del racismo. Pensaban que el hombre blanco los trajo hasta aquí, así que si no hubiera hecho lo que hizo, ellos no estarían en la situación en la que están. Muchos son muy sensibles a cualquier conversación, especialmente si la persona es blanca.

En la prisión crean su propia identidad, no la de nadie más, solo la suya. En cierto sentido puedo entenderlos. Soy mestizo, hispano/blanco, así que sé de primera mano el racismo que se le ha mostrado a mi madre, que es hispana. Pero para el hombre negro en prisión, todo es prejuicio para ellos. Los que pude conversar sobre este tema me dijeron, cito: "Bob, simplemente no sabes lo que es ser un hombre negro en este mundo." Me limité a dejarlo así. Supongo que la sociedad blanca creó a la sociedad negra a través de la discriminación racial.

Recuerdo cuando finalmente integraron a los negros en la prisión de Nebraska. Me refiero a que les permitieron mudarse al Bloque Este con todas las demás razas. Recuerda que fue un hombre blanco quien presentó la demanda que hizo que esto sucediera. Algunos presos blancos hablaban de mantenerlos fuera y cosas así. En realidad, hubo amenazas de presos blancos que no llegaron a nada. Hubo muy pocos incidentes por esta integración.

Nunca estuve involucrado ni tuve voz en ese tipo de cosas. Diablos, pasé la mayor parte de mi tiempo en el Bloque Oeste de todos modos, porque siempre estaba en problemas. Generalmente me llevaba bien con la mayoría de los presos. Mi problema era con el personal. En esa época preferían vernos pelearnos entre nosotros para no tener que lidiar con peleas entre presos y guardias. Estos lugares son tan corruptos que ni lo creerías.

Pero bueno, los negros y blancos, en su mayoría, se mantenían a distancia. Normalmente hablaban por separado y practicaban deportes aparte. Hoy, con todas las comisiones de derechos civiles, los presos llevan al personal ante los tribunales federales para demandar por su derecho a no ser discriminados. Así que hoy tienen más herramientas.

En los viejos tiempos sí tenías acceso a los tribunales, pero no como ahora. Antes, si escribías a un juez o abogado, te daban una paliza o te metían al calabozo con dieta insípida. En cuanto a eso, hoy ya no tienes que temer tanto. Ahora, salvo pequeños temas de seguridad, básicamente podemos comunicarnos con quien sea.

Supongo que la sociedad nunca ha aceptado a las minorías como iguales, así que las prisiones siguen las mismas reglas. Eso hace que la prisión sea incómoda a veces. En prisión, los blancos son la minoría, así que a veces les cuesta. Hay muchas situaciones basadas en la raza en prisión. Hay algunas minorías que han tenido malas experiencias en la sociedad, así que algunos, llenos de odio, tienden a descargar su frustración en presos más débiles.

Por ejemplo, en el sur solía haber una clase de presos que en realidad eran guardias. Se llamaban "building tenders." Incluso estaban armados. La mayoría de las prisiones en el sur son predominantemente negras. En la costa oeste, en cambio, la cuestión racial es muy fuerte. Negros con negros, hispanos e indios entre ellos, y blancos con blancos. En las prisiones actuales, probablemente los blancos también son discriminados igual que cualquier otra raza. Aunque esto es solo mi opinión.

Mi teoría es que cuando eres minoría en prisión, recibes menos de todo por ambos lados. Desde el punto de vista de la administración, pueden controlar un grupo pequeño, así que le prestan menos atención. En cuanto a los presos, saben que siempre es cuestión de números. Los que tienen más cuerpos suelen salir ganando. También el personal, si no les agradas, te ponen en una situación donde eres el único blanco entre muchos negros. También los he visto hacer lo contrario.

Estas prisiones convierten a las personas en racistas desde todos los lados. Nos mandan a estos infiernos para quebrarnos el espíritu. Parece que cuanto más conflictos tenemos entre nosotros, menos problemas les damos a ellos. Usan a los negros contra los hispanos, a los blancos y nativos americanos. Usan todas las razas unas contra otras. Estas prisiones enseñan a los blancos a odiar a todas las razas porque las personas no blancas han vivido toda su vida lidiando con el racismo blanco.

Así que las otras razas naturalmente odian a los presos blancos en prisión, lo que puede llevar a la violencia. Un preso blanco generalmente se ve obligado a defenderse y si no lo hace, normalmente le va mal. Los hispanos y nativos americanos son muy estereotipados en prisión. Cuando hay violencia o alcohol involucrado, primero miran a hispanos y nativos americanos antes que a cualquier otro.

Los chicos blancos, si hay confrontaciones, los que tienen corazón tienen que reaccionar fuerte porque están en desventaja numérica. Tienen que mantenerse unidos y defenderse mutuamente porque son pocos. No tendría que ser así, pero mientras estos lugares sigan separando las razas, siempre habrá potencial para problemas.

Robert Clark

Capítulo 13
El sistema legal

Nuestro sistema legal está tan desactualizado y fuera de sintonía, y cada vez empeora en lugar de mejorar. El viejo dicho sigue siendo cierto: el sistema protege a los ricos y destruye a los pobres. Si naciste pobre y en la pobreza, es más probable que termines en uno de estos zoológicos humanos. Esto no es un llanto porque estoy encerrado, pero cuando vienes de un entorno disfuncional desde el inicio de la vida, no puedes evitar fracasar.

La sociedad en general tiene opiniones muy negativas sobre las prisiones y los presos. Sin embargo, a menudo me pregunto por qué la sociedad está tan interesada en la violencia. Películas violentas, artículos en periódicos, noticieros de TV, libros y mucho más. Esto es con lo que la sociedad se identifica más que con cualquier otra cosa.

Hacen todo lo posible para mantenernos encerrados, pero pagan dinero para ver algo violento y leer algo violento. Culpo a todo esto al sistema de justicia estadounidense. Esto es lo que lleva a que tantos terminen encarcelados en Estados Unidos. A lo largo de la historia de América, la sociedad siempre ha seguido a los peores asesinos y a los grandes fracasados. Es como si Estados Unidos estuviera fascinado por las actividades criminales. Los hombres siempre participarán en conductas violentas porque eso es lo que representa la cultura americana. Y la violencia que se perpetúa no se limita a las prisiones. Nuestro gobierno nunca ha tenido vergüenza de meternos en guerras sin sentido. Están orgullosos de matar y lo llaman patriotismo.

Pero volviendo al sistema penitenciario, necesitamos justicia en estas prisiones y tribunales. Lo que vuelve locos a los presos es la injusticia que sufren a diario. Nuestro sistema obtiene lo que quiere usando la fuerza, que se llama violencia. Cuando un preso es arrestado le dicen que calle a menos que le hablen. Le asignan un abogado de oficio que le dice qué tipo de condena enfrentará. Luego el abogado intenta que se convierta en un soplón o que acepte un acuerdo para no ir a juicio con jurado. Quiere ahorrar dinero al estado y por eso le dice a su cliente que obtendrá una sentencia más leve.

La mayoría de los presos hoy son analfabetos y no tienen conocimiento del sistema penal. Es muy extraño que alguien que ha pasado toda la vida metido en problemas sepa tan poco del sistema contra el que se rebela. Y como dije antes, si es pobre, no tiene oportunidad. Probablemente terminará en prisión tarde o temprano.

La mayoría de los presos, por consejo de sus abogados de oficio, se declaran culpables por miedo a sentencias más largas o simplemente por ignorancia. Por este acto, nunca aprenden realmente nada sobre el sistema judicial. Luego el pobre y sin educación entra en el mundo de la prisión. Lo colocan en las fauces de la violencia, el odio puro y la autodestrucción que conlleva.

Este es el inicio del criminal que eventualmente hará carrera en ello. Cuando entras a un mundo donde cada día es una amenaza para tu existencia, tu mentalidad termina siendo poco saludable. La prisión es el infierno después de la muerte, solo que estás realmente vivo.

Mencioné en uno de mis capítulos anteriores cómo un preso angustiado podía escribirle a un juez y pedir ayuda y a veces recibía alguna respuesta. Hoy en día tienes que presentar un recurso cumpliendo ciertos procedimientos. Luego tienes que pagar lo que llaman una tasa de presentación. Son aproximadamente $180.00. Si pierdes tu demanda, el dinero se queda con ellos. Pero en realidad, no hay muchos presos que tengan ese dinero.

Es prácticamente imposible ganar una demanda contra oficiales de prisión. Un pequeño porcentaje de presos logra algún triunfo. Recuerdo a guardias diciendo: "Bueno, si no te gusta lo que hago, presenta una demanda. Aquí tienes mi placa y nombre."

Por supuesto, solo ponían una fachada. Cuando finalmente demandas a uno de ellos, son bastante dóciles frente al juez. Recuerdo una vez en los años 80, presenté una demanda para salir de la segregación a largo plazo. Estos oficiales incluso dijeron al juez que nosotros (éramos cuatro en la demanda) éramos tan peligrosos que ni siquiera podíamos ser llevados a la corte. Naturalmente, eso sesgó toda nuestra demanda. Al final nuestro juicio fue en la sala de visitas del máximo bajo fuerte seguridad.

Toda esa acción de que éramos peligrosos no era necesaria. Fue una maniobra para generar una respuesta negativa contra nuestra demanda, que les funcionó. Perdimos la demanda. Pero valió la pena, porque escuchamos a un juez federal reprender al director de la prisión de Nebraska, quien tuvo que quedarse allí lo más sumiso posible.

El juez le ordenó empezar a hacer audiencias de presentación para nosotros y hacernos saber por escrito por qué nos mantenían en segregación. Aunque decían que era por razones de seguridad, fue toda una victoria para nosotros. Antes no teníamos audiencias ni explicaciones. No nos decían nada.

Así que ahora tenían que tener cuidado de no violar nuestro debido proceso. Pusieron a prueba esto poco después de esa sentencia. En 1985, en la unidad de segregación de Nebraska hubo una huelga de hambre simulada. Me clasificaron como el líder de la huelga. Eso no era verdad, ¡me encanta comer! Pero igual, el escuadrón de castigo vino por mí y, por orden del director, me mandaron a las celdas desnudas. Ese juez federal ya le había ordenado antes que no hiciera nada conmigo sin una audiencia. Pues me mandó para allá solo por mi reputación pasada, sin evidencia ni audiencia.

Inmediatamente presenté una petición ante ese juez federal que lo había reprendido. La petición tenía fundamento porque el juez me asignó un abogado. Luego el director estaba en camino de transferirme a otra prisión fuera del estado. Quería sacarme de su prisión. Así que funcionó bien para ambos.

Así fue como terminé en Kansas. Esto es lo que llaman la política de prisión. Todo se filtra desde el sistema judicial.

Recuerdo que hace años, cuando entré al sistema, rara vez oías a un preso admitir su culpa. ¡Lo habían incriminado! Juraban que eran inocentes. Nunca creí esa mierda. Pero si hubiera sabido entonces lo que sé ahora... Antes había muy poca tecnología, a diferencia de hoy. La prueba de ADN es muy sofisticada y puede condenarte o absolverte. Antes simplemente te golpeaban o engañaban para obtener una confesión, fuera culpable o no. Pero aún era difícil creer que todos los que decían ser inocentes realmente decían la verdad. Con lo que sé ahora, y con los avances de ADN y otras herramientas para combatir el crimen, tomo en serio cuando alguien dice que es inocente.

Cada vez más, hoy liberan presos tras exonerarlos por algo que nunca hicieron. No digo que ninguno de nosotros sea inocente, pero cuando alguien dice que no cometió ningún crimen, deberías escuchar su reclamo.

Cada día salen a la luz más incriminaciones falsas en el sistema judicial. Y créeme, normalmente no me creo que alguien diga que no cometió el crimen. Yo soy culpable de todo por lo que fui condenado. El sistema actual no solo tiene fugas, tiene agujeros grandes y abiertos.

Todos estamos sujetos a ser víctimas del sistema. La mayoría piensa que nunca será víctima, pero sucede todos los días. Hasta que tú o tus seres queridos lo sufran, ni lo pensarás. Estar encerrado es duro, incluso si eres culpable. No puedo imaginar cómo sería estar preso por algo que nunca hiciste.

El sistema está tan ansioso por arrestar, condenar y detener que usualmente usan cualquier forma de maldad para cumplir la justicia. No les importa el costo. Esta es una tendencia muy seria que ha pasado y sigue pasando. No es casualidad que esto lleve tanto tiempo así. Sé que empieza en la sociedad, pero la injusticia más brutal está en las cárceles y prisiones. Ahí pueden hacer lo que quieran. Y créeme, lo hacen.

Nadie ha sido llevado ante la justicia por la injusticia que me hicieron a mí. Como mucho, un juez les dice "Ya basta. No lo molesten más." Pero cuando yo hice algo mal contra ellos, me castigaron duro, hasta el punto que me costó la vida. He vivido este estilo de vida toda mi vida.

Solo hay dos formas de reaccionar ante este trato: o tienes tanto miedo y estás tan roto que te unes a ellos, o te mantienes firme y sufres el camino que sabes que vendrá. Así encajas en una de dos categorías: cobarde o maníaco.

Su supuesto objetivo es rehabilitarnos antes de

soltarnos en la sociedad. Significa "Queremos que aceptes las reglas de la sociedad y vivas conforme a ellas." Debes obedecer y respetar todas las leyes y principios. Rehabilitar es un esfuerzo a largo plazo. Tienes que aprender por experiencia y enseñanzas correctas.

Nuestro sistema de justicia enseña por la fuerza y el miedo. Esto no nos enseña nada que realmente necesitemos saber. Nos enseña lo opuesto: opresión. Es como si todos, o la mayoría de nosotros, estuviéramos aquí por algo. Pero no todos los que están en prisión deberían estar aquí. Algunos sí y otros no. Los que regresan una y otra vez sí pertenecen aquí. Odio decirlo así porque algunos han tenido mala suerte, pero en el fondo les gusta estar en prisión. Algunos están tan deteriorados cuando regresan. Parecen enfermos y hambrientos. Después de unas semanas ya están en ritmo otra vez. En el poco tiempo que han estado afuera no se han perdido nada. Tienen más historias que un librero. Están programados para creer que están institucionalizados. Sienten que no pueden vivir en ningún lado que no sea prisión.

Luego está el preso que no debería estar aquí. Solo se metió en un problema una vez y fue una situación muy inusual. No sé por qué estos dos tipos son tan diferentes: los que pertenecen aquí y los que no.

Todos estamos amargados por esta experiencia, algunos más que otros. Aunque la rehabilitación debería ser el objetivo de toda administración, es realista que algunos hombres no pueden rehabilitarse, y ellos son los que nunca salen de aquí. Sigo creyendo que esos hombres son producto de un sistema de justicia criminal roto. La sociedad necesita ser rehabilitada, así que hasta que arreglen su situación, ¿cómo esperan que nosotros estemos bien? Como el sistema quiere que creamos, nos meten en estos infiernos y salimos mejores personas. Eso no pasa. Rara vez salimos mejores.

Afecta a todos, pero no como quieren que crean. La gente sale peor que cuando entró. Así la sociedad paga el precio. Este es el sistema que quieren que pensemos que es limpio y sin fallas. Un sistema de leyes y reglas que solo benefician a quienes las crean. Los que hacen este desastre saben que no está bien, pero no hacen nada.

Nunca he oído de otro país que no admita sus errores y encubra sus malas acciones. Siempre dicen que venimos a estos lugares a aprender sobre crimen. Eso es cierto en cierta medida. Pero en realidad aprendemos más de crimen por las películas y los libros. Es más fácil culparnos a nosotros. La sociedad tiene tan baja opinión de nosotros. Cree todo lo negativo que oye.

¿Cuándo escuchas sobre logros positivos de estos lugares? Muy rara vez. Solo escuchas de la administración sobre lo violentos, inestables e impulsivos que somos. Nunca de quienes se educan, trabajan y tratan de hacer lo correcto. Estos lugares solo engendran miedo y odio. Aprendes a ser depredador o presa.

Puedes verlo en los ojos de la gente en todos lados aquí. Es tan difícil confiar en alguien. Si encuentras a alguien de confianza, agárralo fuerte, porque es muy raro. Cuando caminas por el patio o los bloques tienes que tener esa mirada. Eventualmente la mantienes siempre. Crece en ti. Cualquier cosa menos eso es inaceptable. Es como bajar la guardia.

Cuando eres joven te sientes invencible y cuando envejeces solo tratas de sobrevivir día a día. Si hace cincuenta años cuando entré al sistema judicial supiera que seguiría encerrado cinco décadas después, a veces desearía haber sido condenado a muerte. Nunca tuve un caso de asesinato, pero la cadena perpetua sin posibilidad de libertad condicional es el castigo más severo. Es una tortura lenta que te va comiendo el alma poco a poco, pedazo a pedazo.

Con la ejecución, si renuncias al proceso de apelación, simplemente te ejecutan. Creo que es más fácil así. Pero si no renuncias, te preparan para estar en el corredor de la muerte décadas, lo cual también es bárbaro.

Supongo que depende de la fortaleza del individuo para determinar qué método es mejor para él. Estar preso toda la vida es que te laven el cerebro con el sistema de justicia estadounidense, desde las cortes hasta la prisión. Esto es de lo que trata nuestro sistema en América. Apunta a los pobres y sin educación. Y desafortunadamente, ellos son la mayoría que paga el precio máximo. Mientras tanto, los grandes se llenan los bolsillos.

Somos los luchadores contra el crimen más sofisticados del país. Es tan fácil atacar a los pobres y necesitados. Estos son los que llenan las cárceles hoy. Los mismos que probablemente serán liberados algún día, cercano o lejano.

Una cosa es segura: cuando salen a la calle son más ignorados y pobres que antes de entrar. Solo les queda rebelarse contra el sistema judicial que los puso ahí.

Entré a este sistema hace muchos años, así que créeme, he visto toda esta evolución de primera mano. He visto que empeora, mucho más de lo que ha sido. Pensarías que con todo el dinero y las llamadas mentes brillantes del sistema, las cosas no estarían tan destruidas. Supongo que después de tanto golpe del sistema suena a que no me culpo por mis actos. No es del todo cierto, pero sé una cosa: no asumo toda la culpa. El sistema tiene tanta culpa como yo. No es excusa, es un hecho frío y duro.

Nuestro país te roba el alma. Otros países tienen diferentes métodos de castigo, pero solo en Estados Unidos te almacenan años y años. Es la forma más cruel de tortura mental. No les importa malgastar dinero de los contribuyentes para probar puntos inexistentes. No admiten sus errores aunque sepan que están equivocados.

Todas las cosas productivas y herramientas para la reinserción social quedan sin respuesta tras años y años de encarcelamiento, sin resultados. Usan a algunos presos como ejemplos de "Mira cuánto tiempo hemos tenido a este animal encerrado. Si no enderezas tu mente, serás una víctima como él."

Por eso algunos de nosotros nunca saldremos vivos. Siempre necesitan dejar algunos para dar ejemplos. Y cuando morimos, nos entierran en Boot Hill (cementerio de presos) y se preparan para la siguiente tanda.

Piénsalo un momento. Sé que no soy el único que siente esta injusticia. Trato de no obsesionarme, pero es difícil no hacerlo. No espero que todos los que lean esto estén de acuerdo conmigo, pero no todos han estado encerrados toda la vida como yo y otros.

Mi punto es contar de primera mano qué te pueden robar estos lugares. Como un oponente de toda la vida al sistema judicial, mi única intención con este manuscrito es mostrar a jóvenes, adultos y ancianos de qué tratan estos lugares. No exagero, lo digo tal cual. Ojalá ayude a alguien a evitar una vida de miseria si decide escuchar. Si no, esta vida no valdrá la pena. Empecé a aprender, pero ya era tarde para mí. Si puedo llegar a alguien antes de que sea demasiado tarde, habré cumplido mi objetivo con este libro.

Poca gente sabe realmente qué pasa en estas prisiones: la violencia, la política entre el personal, el mundo bárbaro en el que vivimos cada día. No digo esto para parecer humano y justo, sino para que todos los jóvenes que actúan como tontos piensen un momento en las consecuencias. Créeme, no quieres nada de esto. Probablemente pienses "Una historia de prisión es como las demás." Ni siquiera creo que alguien que hizo cinco o diez años pueda contar con precisión la experiencia que anula la mente y el alma de un confinamiento real y prolongado.

Como he dicho una y otra vez, empecé donde muchos están ahora, en centros juveniles, donde pasé toda mi juventud hasta que pasé a las reformatorios y prisiones. No he tenido libertad. Luego te encuentras con todos tus viejos amigos de la juventud que también fueron a prisiones contigo. Es como una reunión familiar, solo que yo nunca tuve una verdadera reunión familiar afuera.

No sé nada del mundo real, solo por libros. Pero conozco las prisiones como la palma de mi mano. El sistema sigue creyendo que encierra a los peores jóvenes, pero esto está muy lejos de la verdad. Este sistema solo intenta quebrar a los criminales oprimidos porque son pobres, y moldearlos en los seres sociales que quieren que sean. Los que son así suelen ser tímidos y débiles. Y están los que no pueden moldear, que salen valientes y feroces. Cuando juntas a estos dos tipos no funciona. Creas una bomba de tiempo.

Sé que la sociedad piensa que vivimos en lujo total, pero estoy aquí para desmentir ese mito. He dicho todo lo que puedo sobre el sistema judicial. Todas las pruebas apuntan a su fracaso. Es un sistema que debe ser reformado por nuestro bien y el de la sociedad. Sé que se acaba de aprobar una nueva ley de reforma penitenciaria, firmada por el presidente. Se llama First Step Act (H.R.5682). Todos pensamos que es muy poco probable que haya cambios, pero si los hay, primero beneficiarán a ellos antes que a nosotros.

La conclusión es que mientras el sistema judicial

permita la violencia y el hacinamiento en las prisiones, los hombres siempre se violentarán entre sí. Especialmente si permiten que el personal use violencia. Tiene que ser en dos direcciones. No pueden solo enojarse conmigo por violencia cometida contra otro. También deben enojarse por la violencia que me hacen a mí. Solo así el sistema empezará a ser justo. Tienen que responsabilizar a los suyos como a nosotros.

Es el sistema penitenciario estadounidense el que nos lleva a los unos contra los otros. No somos animales, pero nos tratan como tal. El sistema nos destroza. Después de cincuenta años el sol nunca realmente sale ni se pone en la prisión. No hay estaciones, no hay niños que te alegren, no hay mujeres que te consuelen. Solo te mantienes fuerte porque otros presos están contigo. Eso es lo que hacemos.

Encarcelado a los 13

Robert Clark

Capítulo 14
Almacenamiento de los ancianos, prisionero de largo plazo

Hay una crisis de envejecimiento en Estados Unidos en este momento. Su causa proviene de las estrictas directrices de sentencia impuestas por legisladores con la teoría de que "endurecer el castigo para el crimen" resolverá todos los problemas del sistema de justicia penal. Lo que ha creado es una población carcelaria que ha aumentado a números récord. Están almacenando de manera ineficaz a humanos hasta que sus capacidades médicas y mentales son tan malas que simplemente se están desperdiciando hasta morir.

Desde un punto de vista humano, realmente no les importa. Pero desde un punto de vista financiero, está causando montones de problemas a los estados. Los presos mayores de cincuenta años le cuestan a las prisiones estatales más del doble que los presos menores de cincuenta. Aquí están las estadísticas. Cuesta aproximadamente $35,000 al año mantener a un preso menor de cincuenta años. Para un preso mayor de cincuenta años cuesta $69,000 al año.

Esto le cuesta a los contribuyentes $16 mil millones cada año. Estados Unidos tiene la tasa de encarcelamiento más alta del mundo. Hay 2.5 millones de presos encerrados en América. Veintiséis mil de estos tienen sesenta y cinco años o más. No tiene sentido mantener a personas que no representan una amenaza para la sociedad almacenadas en prisión.

Estas personas de edad avanzada simplemente se están pudriendo en estos infiernos. Todo esto es por culpa de la política. Las personas de esta edad tienen un porcentaje muy bajo de volver a salir si son liberadas. Todas las estadísticas lo muestran. Estas políticas han creado sentencias de cadena perpetua sin libertad condicional o con libertad condicional, pero casi nunca te conceden la libertad condicional.

¿Por qué mantener a los presos viejos y grises encerrados cuando tienes a los jóvenes y violentos esperando para llenar estos lugares, y no hay espacio para ellos porque todas las camas están ocupadas por presos viejos? Estas políticas de "mano dura" no han hecho más que crear hogares de ancianos para presos envejecidos.

En numerosos estados, los oficiales del personal incluso han abierto instalaciones solo para presos ancianos. Muchos de estos hombres sufren de demencia. Están en sillas de ruedas, caminan con bastones, y así sucesivamente. Siempre está la opinión de que los presos nunca cumplen suficiente tiempo. Bueno, yo sé por experiencia que también hay un efecto inverso. Si mantienes a un hombre encerrado demasiado tiempo más allá de lo que puede ser productivo, está tan desconectado de la realidad que ya no puede ni funcionar por sí mismo. Ni mental ni físicamente.

Generalmente no tienen familia, por lo que están prácticamente solos. La mayoría de estos hombres han estado encerrados por décadas. Veinte, treinta, cuarenta años. Y algunos incluso más. El mundo entero los ha dejado atrás. Es como un mundo extranjero allá afuera. Estar en un lugar donde has sido dependiente toda tu vida y de repente se espera que seas independiente. Eso es prácticamente imposible.

Tener más de cincuenta años en prisión no suena viejo según el estándar de la sociedad. Pero dentro de las paredes de la prisión se considera anciano. La dieta carcelaria y el estrés diario de la vida en prisión envejecen prematuramente. Tres cuartas partes de los presos tienen presión alta o son diabéticos. No me malinterpretes, hay excepciones. Algunos de estos hombres hacen mucho ejercicio, pero internamente envejecen rápido.

El estrés de estar lejos de tu familia todos los días afecta mucho los nervios. Toda la tensión alta del mundo carcelario. Aquí nunca puedes tener un momento tranquilo. No hay privacidad en absoluto—siempre tienes a alguien encima de ti.

En la calle puedes buscar tiempo para ti mismo si quieres. Aquí no tienes esa suerte. La mayoría de las personas aquí son realmente ruidosas. Nunca han sido nadie ni han tenido nada, así que quieren ser notados.

Eso les hace sentirse importantes.

Todo esto es un factor en el envejecimiento. La tensión diaria de la posibilidad de ser atacado o de tener que hacer algo violento contra otro. Después de pasar por esto día tras día, durante décadas, pasa factura al preso envejecido.

Envejecer en prisión tiene muchos factores negativos. Por ejemplo, subir escaleras y tener que vivir en bloques de celdas con literas. Aunque generalmente intentan hacer adaptaciones, en algunas ocasiones hacen que los discapacitados suban escaleras o usen la litera superior.

Algunos de estos penales ni siquiera tienen rampas para sillas de ruedas que faciliten la movilidad. Recuerdo que en los 60, 70, e incluso 80, el número de ancianos en prisión era muy bajo comparado con los estándares actuales. Tienen jóvenes ayudantes que asisten a los ancianos presos si están postrados o no pueden cuidarse.

Algunos de estos jóvenes hacen un buen trabajo. Otros no les importa un carajo el problema de un preso anciano. Otro problema al envejecer en prisión es que eventualmente te vuelves vulnerable. Y eso no es bueno aquí. Entras joven y sano y eventualmente te vas deteriorando, primero mentalmente y después físicamente.

Los jóvenes que entran ahora tienen una mentalidad diferente a la de antes. Los jóvenes automáticamente piensan que los presos ancianos son abusadores de niños. Asocian a los ancianos con haber cometido crímenes sexuales contra niños. Piensan "¿Qué más pudo haber hecho ese viejo para estar encerrado?" Lo que no entienden es que muchos de estos presos viejos no han estado en la sociedad por décadas, por lo que no han cometido crímenes recientes.

Los presos ancianos, no importa cuánto tiempo hayan estado encerrados, se sienten en tierra extraña, aunque hayan estado aquí toda la vida. Se sienten muy solos y aislados del resto.

En cierto sentido, es una tortura lenta y agonizante hasta la muerte. Pienso esto: si has cumplido cuarenta o cincuenta años o más, y tu sentencia nunca fue para ejecución, deberías ir siendo incorporado a la sociedad. Por el bien de la sociedad y del preso anciano. No tiene sentido mantener a un preso inofensivo tras las rejas cuando puedes poner a un joven salvaje en su lugar. Especialmente cuando la única razón para no dejarlo salir es la política dura sobre el crimen que se está aplicando al sistema de justicia, una política estrictamente política.

Solo mira los anuncios políticos en época electoral. El tema principal es mantener a los criminales encerrados más y más tiempo, sin importar el costo. Pero ahora todo les vuelve para perseguirlos. Entiendo que puedes tener políticas duras para ciertos criminales, pero eso debería ser un porcentaje muy bajo.

Deben tener una política justa para las personas que más sufren: tú, los contribuyentes, y los presos, aquellos que han estado encerrados décadas por crímenes menores. Y para el preso anciano, que probablemente nunca volverá a la prisión una vez liberado. Pero nada de esto importa para ellos.

Otro problema que enfrentan a veces los presos ancianos es la enfermedad mental. La mayoría de esto ocurre cuando un preso se siente atrapado y se da cuenta de que probablemente morirá en prisión porque sus posibilidades de ser liberado son mínimas. Luego, al envejecer, tienen casi ningún contacto con el exterior. Empiezan a sentirse solos y deprimidos.

La vida dentro de estas paredes cambia para los ancianos. No importa cuánto tiempo hayan estado aquí, simplemente no encajan. La prisión es un lugar para jóvenes, ya que la mayoría de la gente es de su edad. No muchos jóvenes quieren sentarse a escuchar historias de guerra de presos viejos. Así que, con estos factores, el preso anciano se siente aislado y perturbado por no encajar. Todo esto puede llevar a la depresión mental.

Luego tienes un problema creciente de presos mayores que desarrollan demencia. Hay muchos problemas con este asunto. Los que desarrollan demencia a veces ni recuerdan por qué están en prisión. Es triste ver a uno de estos viejos caminando, murmurando para sí mismo.

No me malinterpretes, la edad por sí sola no es el problema. Pero naturalmente con la edad, las personas se vuelven vulnerables a enfermedades. Un puñado de estados ofrece programas para presos ancianos. Les asignan ciertas tareas. La intención es mantenerlos activos. Mantener sus mentes activas con oportunidades educativas, manualidades y programas religiosos.

Esta combinación de programas, junto con consejería, ayuda a algunos ancianos a no alejarse demasiado de la normalidad. Funciona para algunos y para otros no tiene efecto. Sigue siendo solo un juego para ganar tiempo y no tener que liberar a estos presos antes de que mueran aquí.

Creo que la gente está empezando a oír lo que realmente está pasando con estos presos ancianos, que están almacenados por décadas cuando la mayoría son inofensivos. Cuando las estadísticas muestran que el 40% de los presos en Estados Unidos tienen algún tipo de trastorno mental, no tiene sentido seguir así.

Todo porque los legisladores quieren usar a los presos ancianos como piezas en un tablero de ajedrez. Dicen que no quieren ser blandos con el crimen, pero las leyes que imponen no hacen las calles más seguras. Solo están dañando las carteras de todos. Mantener a presos ancianos en prisión tendría sentido si todavía se demostrara que son más peligrosos que los jóvenes. Sin embargo, está probado que son los menos peligrosos.

Si son liberados, tienen una probabilidad de reincidencia de solo 5% o menos. Los problemas económicos que enfrenta la sociedad deberían hacer que los legisladores reconsideren sus políticas para liberar a los presos mayores mucho antes en vez de almacenarlos como están haciendo.

No es que a estos hombres les den un castigo leve. Han estado encerrados por años y ahora solo están costando dinero innecesario a los estados. Cuando estos hombres están en las calles tienen beneficios y agencias que los ayudarán. Obtendrán Medicaid. Eso le ahorrará millones y millones de dólares a los contribuyentes. Estas poblaciones carcelarias están tan sobrepobladas que están explotando por las costuras.

La gente en la sociedad puede poner esto en marcha. Es sentido común. La mayoría de los legisladores lo ven. Ellos hicieron los cálculos hace mucho tiempo. Solo hace falta alguien con valor para levantarse y luchar contra estas políticas sin sentido. Estos viejos deben ser liberados.

Mientras escribo esto estoy en Kansas. Aquí tienen dos leyes de las que quiero contarles. Una se llama la ley vieja, y la otra la ley nueva. La ley nueva entró en vigor alrededor de 1993, así que todo lo posterior a 1993 sigue la ley nueva. Si fuiste sentenciado antes de 1993, aplicas la ley vieja. Permíteme explicar la diferencia entre ambas.

Bajo la ley nueva tienen lo que llaman la cuadrícula. El tribunal impone una cantidad fija de tiempo según dónde caes en la cuadrícula. Una vez sentenciado, cumples el 85% de tu tiempo y luego eres liberado. Si violas la libertad condicional, solo haces noventa días y vuelves a la calle. Bajo esta ley nueva nunca necesitas ver una junta de libertad condicional, porque tienes una sentencia fija y fecha de liberación.

La ley vieja es otra situación completamente diferente. Aún tienes que ver a una junta de libertad condicional con la esperanza de salir algún día. Si un viejo logra la libertad condicional y luego la viola, está sujeto a estar años y años esperando salir. Si tienes cadena perpetua con elegibilidad para libertad condicional a los quince años, probablemente nunca te darán libertad condicional después de la primera elegibilidad. Simplemente te pasarán por alto una y otra vez por la misma razón. Usualmente te rechazan por la gravedad del crimen, aunque no puedes cambiar los cargos por los que cumples la condena.

Esto es lo que lleva al almacenamiento y hacinamiento. A partir de ahí, los presos simplemente envejecen y se vuelven grises. Tienes dos opciones diferentes. Una para los viejos y otra para los jóvenes. Las sentencias más largas se imponen a personas condenadas por delitos violentos. Por eso hay tantos presos mayores hoy en día.

Además, tienen lo que llaman sentencias mínimas obligatorias para presos no violentos, que también pueden llevar a sentencias largas que suman al envejecimiento de los presos. Luego están las sentencias múltiples que se cumplen consecutivamente, lo que extiende la estancia en prisión y lleva a una persona hasta sus años avanzados dentro. Igual que las leyes de "tres golpes" y otras leyes habituales que crean sentencias obligatorias para reincidentes, sean por delitos violentos o no violentos.

Algunas sentencias con tiempo fijo son tan malas como las de cadena perpetua y también mantienen las prisiones llenas. Las cadenas perpetuas usualmente se imponen por homicidio, pero puedes recibir cadena perpetua por delitos no homicidas también, según los estatutos de tu estado.

Hay dos tipos de cadena perpetua impuestas por los tribunales: una con libertad condicional y otra sin ella. Aunque solo porque tengas cadena perpetua con elegibilidad a libertad condicional no significa que te la concedan. Ninguna es fácil.

Según The Sentencing Project (una organización sin fines de lucro), el número de presos estatales con cadena perpetua se cuadruplicó entre 1984 y 2008, de 34,000 a 140,610. En el sistema federal el crecimiento fue aún mayor. De 410 cadenas perpetuas federales en 1998, subió a 4,322 en 2009, un aumento de diez veces. En Alabama, California, Massachusetts, Nevada y Nueva York, al menos uno de cada seis presos cumple cadena perpetua. En Luisiana, el 12% de los presos estatales y el 76% de los presos en la penitenciaría estatal de Angola cumplen cadena perpetua obligatoria sin libertad condicional. Y la mayoría son por homicidio en segundo grado, y la mitad son delincuentes primerizos.

Para quienes tienen cadena perpetua con elegibilidad a libertad condicional, el tiempo que cumplen varía según la fecha en que fueron sentenciados. La elegibilidad suele estar entre 20 y 25 años. Pero como dije antes, ser elegible no significa obtener libertad condicional automáticamente. Quien determina la liberación es la junta de libertad condicional, a menos que cumplas la sentencia completa.

Las juntas de libertad condicional no son liberales con presos que cometieron actos violentos. Las juntas están influenciadas por el gobernador, quien los nombra. Así que sin importar qué rehabilitación tengas, te mantendrán en prisión mucho más allá de tu fecha de elegibilidad. Por eso mantienen a los presos ancianos por razones políticas y no por causas normales.

Recientemente, el Departamento de Correcciones de Kansas decidió gastar otros 38 millones de dólares para construir más celdas. Creo que 650 camas más. Supongo que esto les resulta más fácil que dejar salir a los viejos. Pero si quieren seguir gastando el dinero de los contribuyentes para almacenar a los ancianos, eso es lo que harán.

Los presos mayores, quizás como paralelo al envejecimiento general de la población estadounidense, incluyen un aumento en el número de personas mayores arrestadas. Y no solo los nuevos presos, sino también quienes violan la libertad condicional. Estos arrestos se traducen en un número creciente de hombres y mujeres que entran a prisión como nuevos delincuentes a partir de los 55 años o más. Representan cerca del 3.5% de los nuevos compromisos judiciales y afectan a la población carcelaria envejecida porque muchos tienen sentencias largas impuestas por la corte.

Según el estado, el número de personas que ingresan al sistema penitenciario estatal a los 55 años o más creció a un ritmo alarmante del 109% entre 1995 y 2009. Entiendo que deben tener presos ancianos encerrados, pero tener a hombres bien entrados en sus 60s o 70s, encerrados por décadas y que no representan amenaza para la sociedad, ¿por qué siguen encerrados? Nunca ha tenido sentido ni lo tendrá mantener esta cadena de eventos tal como está.

Una encuesta del Programa Nacional de Reporte Correccional en varios estados encontró que el 15% de los presos entre 61 y 70 años habían entrado a prisión a los 40 o menos. De los que tienen entre 70 y 80, el 17% entraron con 50 o menos. La encuesta también halló que entre los presos estatales, el 13% cumplía sentencias entre 10 y 20 años, y el 9.6% cumplía cadena perpetua o más. Entre las personas de 51 años o más, el 40.6% cumplía sentencias de más de 20 años o cadena perpetua.

Actualmente hay más de 3,500 presos con algún tipo de demencia. A medida que avanza este trastorno, los presos ancianos tienen dificultad para realizar tareas simples o actividades diarias como bañarse o vestirse. Pueden no ser mentalmente capaces de entender su entorno y estar desorientados al punto de olvidar tomar sus medicamentos o manejar sus pertenencias personales o su cuenta financiera. Algunos presos con deterioro cognitivo ni recuerdan quiénes son o qué hicieron para estar encerrados.

La Unión Americana de Libertades Civiles (ACLU) reportó en 2012 que la población carcelaria en EE. UU. creció más de 11 veces más rápido que la población general entre 1980 y 2010. Considera que el crecimiento aún más rápido de presos ancianos es una epidemia nacional que afecta a todos los estados. Los estados ya sufren déficit presupuestarios. Cerca del 10% de los 1.6 millones de presos en cárceles estatales y federales cumplen cadena perpetua. Otro 11% cumple más de 20 años.

También se envía a más personas mayores a prisión. En 2010 hubo 9,560 admisiones de personas de 55 años o más, más del doble que en 1995. En ese mismo periodo, un informe de Human Rights Watch internacional encontró que el número de presos de 55 años o más casi se cuadruplicó, a casi 125,000. Los expertos dicen que los presos parecen más propensos a la demencia que la población general por factores de riesgo de estilo de vida más altos, como hipertensión, diabetes, fumar, depresión, abuso de sustancias, educación limitada e incluso lesiones en la cabeza por peleas.

Luego está el hacinamiento, la violencia y victimización, la privación social y la falta de suficiente nutrición adecuada o actividades físicas y mentales. Todo esto suma para que los presos, especialmente los mayores, tengan mayor riesgo de desarrollar demencia. El riesgo aumenta cuanto más tiempo están confinados en estas condiciones ambientales de alto riesgo.

Algunas causas de la demencia pueden tratarse con medicación y un estilo de vida saludable. Los presos pueden mejorar su salud cambiando malos hábitos por buenos. Por ejemplo, hay reportes publicados que indican que los presos usan el doble de sal que la gente afuera. Súmale la dieta carcelaria, que es alta en grasas y carbohidratos. Esto afecta más a los presos mayores porque les sube la presión arterial, aumentando su probabilidad de demencia.

Recuerda que muchos de estos presos ancianos han estado encerrados por décadas, y la mayoría han sido fumadores. Muchos nunca han hecho mucho ejercicio.

En los viejos tiempos, todo lo que hacía un convicto era sobrevivir y hacerse camino en la prisión. Nadie sabía lo que saben hoy, pero ya es tarde para la mayoría de estos presos ancianos. No hay programas especiales de entrenamiento para presos ancianos. Así que quedan sin tratamiento ni cuidados, en vez de liberarlos para que puedan recibir atención.

Algunos estados como Nueva York han abierto prisiones especializadas en cuidados especiales. La prisión estatal Fishkill en Nueva York, una instalación de seguridad media con 1,700 camas, está ubicada a unos setenta millas al norte de la ciudad de Nueva York y es reconocida por establecer el primer programa especializado en tratar condiciones relacionadas con la demencia. La unidad tiene treinta camas y abrió en octubre de 2007 como un pabellón separado en el centro médico de la prisión. Presos de todo el estado con enfermedades degenerativas cerebrales son pacientes allí. Antes de ser asignados a la UCI, todos los trabajadores, incluidos doctores, enfermeros, trabajadores sociales, oficiales correccionales, pastores y cuidadores, deben completar un curso de capacitación de cuarenta horas sobre cómo interactuar con personas afectadas.

El personal de seguridad que llega a la unidad entra en una arena diferente, donde una explosión de un recluso no se ve automáticamente como un acto violento, sino posiblemente como el producto de una mente perturbada. El contacto físico entre oficial y recluso, que normalmente requiere un informe y acción disciplinaria, aquí simplemente forma parte del territorio. La unidad tiene buena iluminación a través de ventanas con rejas, acceso a un patio al aire libre y una sala de estar para socializar. También ofrece servicios de reinserción.

En cierta medida están haciendo lo correcto al construir estas unidades especiales para acomodar a los viejos. Pero aún no resuelve el problema de almacenar a estos presos mucho más allá de sus fechas de elegibilidad para libertad condicional, solo para satisfacer a los políticos sedientos de poder. Así que la conclusión es que dicen: "Gastaremos el dinero a costa del público, en vez de dejar salir a estos viejos".

¿Por qué no liberar a estos viejos mientras todavía puedan ser ciudadanos productivos? Según las leyes de algunos estados, estos legisladores establecen regulaciones y no las cumplen. ¿Por qué le das a un hombre elegibilidad para libertad condicional con todos los criterios a seguir, para que pueda rehabilitarse lo mejor posible, y luego lo niegan una y otra vez por razones que se repiten año tras año, sin ningún alivio? Solo porque quieren parecer duros ante el público.

Pero mira lo que está pasando ahora con nuestro gobierno. Todo lo que hacen es mentir para persuadir al público a votar por ellos, y cuando terminan de vender ese sueño, esto es lo que sucede y está sucediendo ahora.

Todo el sistema está diseñado para ellos y solo para ellos. Seguro que no les importa ni los presos ni los contribuyentes. Una cosa es mantener a un joven violento bajo control. Lo sé, yo fui uno de ellos. Pero ver a un hombre envejeciendo y desperdiciándose hasta el punto en que ni siquiera puede funcionar más allá de respirar, ¿por qué no dejar salir a estos hombres antes de que sea demasiado tarde?

Después de todo, somos seres humanos. Y por si alguien no lo ha notado, tenemos familia y amigos, y contrario a lo que algunos piensan, también tenemos gente que se preocupa y nos ama. Ellos, refiriéndose a las juntas de libertad condicional y a todo el personal en estos lugares, predican y predican sobre la rehabilitación una y otra vez, pero cuando haces lo que se te pide, sigue cayendo en oídos sordos.

Te dicen que vayas a la escuela, que obtengas tu GED, luego te dicen que vayas a la universidad y consigas un título. Después te dicen que participes en todos los programas de autoayuda que ofrecen, lo que por cierto los hace quedar bien ante el público. Te dicen que desarrolles buenas habilidades laborales y que obtengas toda la formación vocacional-técnica que puedas. Toma todos los programas de reinserción que ofrecen. Mantente sin reportes disciplinarios. Todo para que parezca que realmente están haciendo su trabajo en cuanto a prepararnos para la libertad algún día.

Otro problema que sucede actualmente en prisión es que todos estos programas que se supone ayudan a los presos a reinsertarse en la sociedad están diseñados para ayudar a los presos jóvenes y de corta estancia, no a los viejos.

Podrías ayudar a estos presos ancianos con los mismos programas, solo dándoselos a una edad más temprana. Es decir, no esperes hasta que un hombre tenga setenta años para empezar a ponerlo en todos estos programas de formación. Estos viejos solo quieren sentir que los cuidan y que los están preparando para volver a la sociedad.

Cuando sabes que estás haciendo una diferencia en la perspectiva de vida de alguien, tienes que aprender algo para que, si por casualidad sales, nunca regreses. Lo que quiero decir es que hagan estos programas disponibles también para los viejos. No los excluyan solo porque son viejos. Muchos de nosotros aquí ni siquiera sabemos de lo que somos capaces. Cuando nos enseñan algo y lo hacemos por nosotros mismos, nos sentimos orgullosos de nuestros logros.

Nos hace despertar a la realidad de sobrevivir en el mundo libre con alguna habilidad. Te da una verdadera oportunidad para lograrlo. Con estos programas de reinserción y de rehabilitación que ofrecen, sumado a todo lo que el preso envejecido ha aprendido durante los años de encarcelamiento, aún se le debe dar una oportunidad de libertad. Necesita la oportunidad de poner en práctica todas las herramientas que ha aprendido.

Con todo el financiamiento que se destina a estos programas, son inútiles a menos que una persona tenga la oportunidad de aplicarlos. Pero otra vez, si esperan hasta que un hombre sea demasiado viejo para poner el plan en práctica, entonces los programas no son efectivos. Por otro lado, si ayudamos a un hombre a obtener educación, un oficio, para que si alguna vez sale de prisión no regrese, vale la pena. Significa menos crímenes y menos víctimas.

He tenido la suerte de un trabajo de salario mínimo, pero he trabajado duro para ganarlo. Pero cuando me encerraron no tenía habilidades ni educación, así que al menos tengo un oficio con el que podría ganarme la vida. Pero nunca seré liberado, así que nunca podré usarlo. Básicamente, trabajo para vivir tan cómodamente como pueda aquí. También me aseguro de no vivir por encima de mis posibilidades.

Quiero hablar de una situación que está pasando mientras escribo este libro. Involucra a un buen amigo mío, Big Rick. Lleva treinta años encerrado. Entró a prisión a los veinte y ahora tiene cincuenta años. Desde que está preso perdió a ambos padres. No tiene a nadie afuera. Así que básicamente estará perdido cuando salga al mundo libre, con pocas o ninguna conexión social en la sociedad. Cuando salga de la prisión aquí en Kansas, le queda algo de tiempo que cumplir en Oklahoma. Después de eso saldrá a la sociedad.

Es uno de esos casos en los que lo han mantenido tanto tiempo en prisión que ni siquiera sabe qué va a hacer cuando salga. Tener cincuenta años hoy en día no es tan viejo. Pero por los estándares de prisión es viejo. Treinta años en un ambiente de alto estrés que lo ha protegido de todas las herramientas necesarias para sobrevivir en la sociedad.

Es muy triste ver a mis amigos pasar por todo ese estrés mental, pensando en lo que les depara el futuro. He estado encerrado más tiempo que Big Rick, así que no tengo muchos recursos para referirle. Pero de la manera que pueda ayudarlo, seguro lo intentaré. Como he dicho todo el tiempo, este sistema está diseñado para fracasar. Cuando dejas a un hombre en uno de estos lugares demasiado tiempo, este es el resultado.

Estoy tan preocupado por el futuro de mis amigos como lo estaría por el mío. Cuando dejan salir a estos viejos, todos los apoyamos aquí dentro. Porque cualquiera que sea el camino que elijan, refleja en todos los demás viejos y no debería ser así.

Por ejemplo, cuando estuve confinado en la prisión de Nebraska en los años 70, había un tipo que cumplió condena por homicidio involuntario. En un mes después de salir, lo arrestaron por un nuevo caso de asesinato. Hombre, hubo indignación en el Departamento de Correcciones y en el público en general. Por este incidente, el estado castigó a todos. Si tenías violencia en tu historial no te daban ninguna posibilidad de libertad condicional.

No puedes predecir lo que alguien va a hacer, ni lo que hará una persona basándote en lo que hizo otra. Ya sea que una persona estuvo en prisión por un delito violento o no violento, esa persona podría potencialmente cometer un acto violento en el futuro.

Hay gente en la sociedad que comete actos violentos y nunca antes ha quebrantado la ley. Pero porque un exconvicto sale de prisión y comete otro acto violento, castigan a toda la población carcelaria. En cambio, no castigan a la sociedad cuando un civil comete un acto de violencia.

Pero volviendo a mi amigo, es muy triste verlo pasar por todos estos cambios mentales porque estos lugares te lavan el cerebro para que estés institucionalizado. He estado lado a lado con Rick durante unos treinta años. Él ha estado aquí y lo he visto crecer de ser un joven extrovertido y siempre positivo, a estar paranoico sobre salir de esta institución para ir a otra. Él siente que este es su verdadero hogar. Cuando te mantienen demasiado tiempo en uno de estos lugares, le pasa a todos los viejos.

Cuando deciden dejarnos salir ya es demasiado tarde para que podamos funcionar normalmente en la sociedad. Nunca entenderé la locura detrás de lo que hacen. En un momento mi amigo Rick ni siquiera quería salir. Este lugar lo dañó tanto que quería pasar el resto de su vida en este infierno. Lo triste de todo este desastre es que saben que están equivocados pero aún así no hacen nada para cambiar lo que han creado.

Tal vez estés pensando mientras lees esto: "¿Y las víctimas?" Entiendo completamente de dónde vienes. Pero los legisladores son los que establecen los criterios para la liberación. Rara vez cumplen lo que ponen en papel.

Vuelvo a mi amigo Rick, que sale en dos semanas. Aunque debe tiempo en otro estado, no puede llevarse ninguna de sus pertenencias personales. Tiene treinta años de posesiones que deben ser enviadas, así que el Departamento de Correcciones le da una semana para juntar el dinero y enviar sus cosas. Solo que no tiene fondos para enviarlas. Ahora tendrá que enviarlas a mi madre porque no le queda familia.

Esto es todo lo que él tiene para conectarse con la sociedad. Tiene una pequeña televisión, un reproductor MP3, una Biblia, algunos registros médicos, y las fotos y boletas de calificaciones de su hija. Como no tiene dinero, estuvo a punto de perder sus pertenencias. Si lo hubieran dejado salir cuando debieron, no estaría pasando por toda la agonía que atraviesa ahora.

He estado observando cosas similares en estas prisiones por casi cincuenta y un años. Sé que tarde o temprano pasaré por lo mismo. Llevo treinta y dos años en Kansas, así que es cuestión de tiempo antes de que me envíen de regreso a Nebraska, donde cumplí casi diecinueve años en prisión.

He tenido una experiencia buena y positiva en Kansas, comparada con Nebraska. Realmente no quiero regresar, pero eventualmente pasaré por los mismos cambios que mi amigo (aunque yo no saldré). Pero no hay nada que se pueda hacer. Es difícil separarse de amigos con los que has estado por años.

Me entristece escribir sobre los ancianos aquí dentro con esta generación joven que inunda el penal. Los reclusos mayores están realmente perdidos en el espacio. Se sienten tan fuera de lugar que ni siquiera pertenecen. Eso no suena bien. Estar atrapados de por vida en estos lugares hace que los viejos presos deseen que sus vidas hubieran cambiado antes de que fuera demasiado tarde. Muchas veces quiero sentarme a escribir a la junta de libertad condicional para explicarles las circunstancias que me llevaron a cumplir todo este tiempo. Pero sé que caerá en oídos sordos. Pensarían: "Bueno, tomó cincuenta años de estar encerrado para finalmente darse cuenta de que lo que hizo estuvo mal."

Aunque siempre supe que lo que hice estuvo mal, sé que nunca entenderían las circunstancias que me llevaron a hacerlo. Siempre seré un inadaptado social a sus ojos. En otras palabras, un animal. Dedicaré un capítulo de este libro para intentar hablar con las víctimas de mis crímenes y con el Departamento de Correcciones en general. Sé que sellé mi destino aquí hace mucho tiempo. Pero aún quiero plasmar mis sentimientos en papel y explicar por qué hice lo que hice. Eso para mí hace la diferencia y espero que también la haga para todos los que lean este libro. Probablemente pudo haberse evitado de mi parte y algunas cosas que ellos hicieron también.

Mi amigo Rick solo tiene una semana más aquí, así que paso tanto tiempo con él como puedo. Sé que cuando llegue mi turno de ser enviado a algún lugar, pasaré por el mismo shock que Rick ahora.

Cuando envejeces tanto en estos lugares empiezas a pensar en formas de defenderte de los presos jóvenes y agresivos en caso de una confrontación. Empiezas a desarrollar complejos por todo tipo de cosas relacionadas con envejecer. Te daré un ejemplo de cómo es envejecer en prisión.

Aquí en Kansas empezaron un nuevo sistema de tienda. En lugar de usar la hoja de pedido normal para ordenar del comercio interno, están usando un sistema nuevo y complejo con mucha tecnología que ninguno de los viejos entiende. Todos los jóvenes ya saben de esto porque crecieron usando tecnología similar en la calle. Pero claro, los viejos estamos perdidos. Algunos de nosotros llevamos cuarenta o cincuenta años aquí y ahora ni siquiera sabemos cómo hacer pedidos.

Quieren que todos estemos al día con la tecnología moderna, pero no nos dejan salir, así que ese es el dilema que enfrentamos.

Rick se fue para Oklahoma el miércoles 7 de noviembre de 2018. Salió de la clínica Max, donde lo estaban tratando por una picadura de araña. Cosas así abundan en estos lugares. Me tomará un buen tiempo recuperarme de la partida de Rick. Hace unos meses perdí a otro mejor amigo y compañero, Noble Johnson. Lo transfirieron a otra instalación en Kansas. Dedicaré un capítulo entero de este libro a mi amigo Noble. Será sobre lo que significa su amistad para mí. Los lazos que se forman en estos lugares pueden ser tan especiales. Hombre, no tienen comparación con ningún otro lado. Cuando estás lado a lado con alguien las 24 horas del día, 7 días a la semana, es devastador cuando te separan. Igual que en el mundo libre.

En un tiempo estaba tan lleno de odio que no pensé que podría extrañar a alguien o algo. Pero al crecer y madurar aprendí qué era la compasión y sí, tengo sentimientos y empatía. Mi amigo Rick ahora está en Oklahoma, en el Centro Diagnóstico esperando saber en qué lugar del sistema será ubicado. El hombre tiene más de treinta años en el sistema y ahora tiene que empezar todo de nuevo.

Espero que su transición sea suave. Si tiene suerte y sale pronto, tendrá que armar un plan completamente nuevo. Si lo liberan, tendrá que pensar en qué se necesita para sobrevivir en la sociedad sin reincidir. Esa transición no será nada fácil. ¿Quién querrá contratar a un exconvicto sin experiencia laboral previa? Una persona con credenciales no consigue trabajo, mucho menos uno de nosotros que ha estado preso años. La mayoría de los presos con tanto tiempo tienen problemas hasta con la entrevista de trabajo.

Leí hace poco en un periódico que uno o varios estados quitaron la casilla en la solicitud de empleo donde se pregunta si has sido condenado por un delito grave. Después de que un hombre ha estado libre cierto número de años, no tiene que declarar que es exconvicto. Aplaudo a todos los estados que han hecho esto. Da más oportunidad a un exconvicto. Aunque igual tienes que ser honesto contigo mismo y dar el 100% en la entrevista.

Si te dan una oportunidad, debes aprovecharla al máximo. Me refiero a trabajar duro, ser educado y mostrar de qué estás hecho. Estar dispuesto a liderar y asegurarte de escuchar. Las probabilidades siempre estarán en contra de los ex presos, pero no dejes que eso sea una excusa para fracasar. Seguro te toparás con obstáculos, solo mantén el control emocional.

Recibí noticias de Rick en Oklahoma. Dice: "Hombre, esto sí es una verdadera prisión." Lo tienen en el Centro de Recepción y Diagnóstico. No le permiten salir al patio, ni siquiera afuera, ni leer, ni ver televisión o escuchar radio, y no pueden escribir cartas en papel normal. En vez de eso, les dan una postal pequeña y así es como se comunican con sus seres queridos.

Es impresionante. Aquí hay un hombre con treinta años cumplidos, tiene todas sus pertenencias, termina su condena, va a otra instalación y le quitan todo. Eso es un golpe bajo para un viejo preso retroceder así. Cumples todo ese tiempo y luego empiezas de nuevo. Lleva un par de semanas allí y ni un solo miembro del personal le ha reconocido siquiera que existe.

Esperaba tener respuestas sobre en qué instalación lo alojarían y cuánto tiempo más tendría que cumplir. Mi otro compañero está en otra instalación en evaluación médica y ni siquiera tiene sus pertenencias del lugar de donde lo enviaron. A esta gente no le importamos en lo más mínimo como seres humanos. Para ellos somos solo otro número.

Esto es especialmente cierto si eres un preso anciano. Los presos hoy son muy jóvenes comparados con años atrás. Los viejos realmente no se mezclan bien con todos estos jóvenes. Luego cuentas al personal, y la mayoría también es joven. Así que fuera de interactuar, los viejos se ven obligados a estar solos. Muy pocos jóvenes conversan con nosotros. No es que nos falten al respeto, simplemente no tenemos nada en común con ellos. Más que el hecho de que todos estamos cumpliendo condena juntos.

La mayoría de estos jóvenes no quieren aprender nada, así que no sirve de nada intentar conversar con ellos sobre cualquier cosa, más que saludarse de vez en cuando. En cuanto al personal joven, también mantienen distancia de nosotros.

Pero así debe ser. Solo las miradas diarias en el patio de la prisión. No puedo creer lo jóvenes que son estos presos. Incluso cuando yo era joven en la cárcel, era minoría. Simplemente no había muchos jóvenes en una instalación para adultos. Estaban encerrados en centros juveniles y reformatorios.

He visto cinco décadas de cambios, así que nada realmente me sorprende. Algo que está cambiando hoy en día es que algunos estados están abriendo instalaciones para convictos mayores. El estado donde estoy ahora tiene una de ellas.

No critico a estos jóvenes porque yo fui igual. Muchas veces tenemos que aprender por prueba y error. Algunos aprenden y otros no. No he escrito en este libro desde hace un buen tiempo, así que para avanzar y llegar al final, les daré una actualización de todo. A los viejos nos gusta estar cómodos y tener una rutina. Siempre he pensado que los condenados a cadena perpetua necesitan una rutina fija. Ayuda a sobrellevar los cambios diarios de la prisión. Cuando envejeces no puedes trabajar ni jugar como antes.

Así que nosotros los viejos tenemos que ajustar algunas cosas y humillarnos más que cuando éramos jóvenes. A medida que nuestra salud se debilita, realmente nos sentimos despreparados. Aunque los jóvenes usualmente no desafían a los viejos, si lo hacen, los viejos no pueden perder. Porque si un joven le gana a un viejo, no recibirá respeto de nadie. Y si el viejo gana, el joven nunca lo superará.

Me han cambiado un par de veces desde que empecé este libro, y luego descubrí que me faltaban más de 80 páginas. Tuve que enviar algunas de mis pertenencias a casa, así que espero que se hayan mezclado con algunas de las cosas que tuve que mandar. Si no, tendré que rehacer todo lo que falta.

No me preocupa mucho la extensión del libro, solo quiero que el mensaje salga. No hay garantía de que se publique, pero terminarlo algún día ya es un logro para mí y espero que ayude a alguien más. No he escrito en mucho tiempo, así que tengo que recordar dónde me quedé. He cubierto casi todo, pero quiero dar un resumen breve de los últimos años hasta hoy.

Hoy es primero de febrero de 2019. El 17 de julio de 2019 habré cumplido cincuenta y un años en prisión. Tengo un trabajo que paga salario mínimo en Impact Design. Trabajé ahí 22 años. Lansing decidió derribar la instalación mediana el año pasado. Como vivía allí tuve que mudarme a la nueva ubicación de Impact en El Dorado. Así que después de 30 años en Lansing, me mudaría a El Dorado, Kansas. Podría haberme quedado en Lansing, pero es difícil rechazar un trabajo de salario mínimo.

Después de 30 años en Lansing fui transferido a El Dorado para seguir trabajando. Después de la mudanza me asignaron a la casa B-Cell y esperé unas semanas antes de poder trabajar. La transición fue suave al principio. La prisión aquí es incómoda comparada con Lansing, pero todos estos lugares tienen buenas y malas políticas. Solo hay que adaptarse.

Estábamos muy atrasados con el trabajo, así que cuando nos dejaron volver a trabajar, nos pidieron hacer horas extras porque había poco personal. No todos los trabajadores de Lansing pudieron mudarse, así que muchos tuvimos que trabajar turnos de 16 horas. Trabajé turnos de 16 horas durante mes y medio hasta ponernos al día. A quienes trabajaron horas extras les aseguraron que cuando el trabajo bajara no los dejarían sin trabajo. Siempre encontrarían algo para que hiciéramos.

Hablaré más de esto al final del libro. Aprendí lo despiadado que es el mundo empresarial. Siendo el empleado con más antigüedad en el taller, nunca pensé que me despedirían, salvo que cometiera muchos errores. Cuando nos pusimos al día, las cosas empezaron a desacelerarse. Para empeorar, perdieron a uno de sus mayores clientes.

Todos sabemos qué pasa cuando esto ocurre. Primero las empresas hacen recortes permanentes, luego despidos temporales. Estuvimos meses en sequía. Sobreviví a todos los recortes y en ese momento fui uno de los afortunados. Cuando hay recortes, los empleados se ponen paranoicos y se preguntan si serán los siguientes en irse.

Entonces comienza la traición. Siempre hay empleados favoritos. Los que, no importa qué tan productivos sean (o no), no tienen nada que temer. A esos los llamo "intocables." El equipo de administración depende de esas personas para tomar decisiones que ellos mismos podrían o deberían tomar.

Teníamos a un tipo que tenía el poder de un supervisor del mundo de la calle y, hombre, lo usaba mucho, aunque era solo un preso. Protegía a quienes le gustaban o le tenían miedo. También había un supervisor nuevo, antes empleado del D.O.C., que nunca nos quiso mucho a los que veníamos de Lansing. Él y el supervisor preso iniciaron el proceso de despidos y bajas. La situación empeoró y un turno entero quedó sin trabajo por semanas. Algunos soplones del grupo iban al taller a informar al supervisor y al supervisor preso que nos quejábamos. Inventaron mentiras para quedar bien.

Sea como sea, al final se resolvió. Después de semanas sin trabajo, a cuatro nos despidieron hasta nuevo aviso. Después de 22 años en Impact, todo terminó así de rápido.

No pregunté nada. Me di la vuelta y salí. Volví directo a la unidad y hablé con el Equipo de Unidad para pedir traslado a otra instalación. Aquí ya no había nada para mí. Unos días después me dieron un trabajo estatal en la cocina. Al principio solo pensaba en las venganzas. No hice nada para merecer esto, así que me sentía mal. Siempre tengo un plan B porque sé que nada bueno dura para siempre.

Siempre supe que algún día perdería mi trabajo, por una u otra razón. Mi meta era llegar a 30 años y no veía por qué no podía. Así que el siguiente plan era mudarme a una instalación para presos mayores. Tengo 64 años, así que pensé que sería buen momento.

Pedí al Equipo de Unidad que me mandaran a Oswego, Kansas, donde estaba mi mejor amigo Noble. No tuvo problema en poner la solicitud, así que solo tuve que esperar a que la clasificación aprobara o no. Pasé por muchos cambios mentales tras ser despedido después de tantos años. Aprendí mucho sobre política laboral. No importa cuánto trabajes, importa cuánto te quieran.

Trabajé 22 años, hice todo bien y aun así me despidieron. ¿Cómo alguien puede hacer algo tan bien y por tanto tiempo y aún sentirse un fracaso? Supongo que era hora de pasar a otra cosa, así que ahora estoy en transición a mi plan B. Tenía un plan 401(k) en Impact y al terminar me permitieron retirar la cuenta. Fue un proceso largo, de hecho, mientras escribo esto sigo intentando completarlo. Me alegra haber ahorrado algo para el futuro. No tengo tanto como podría, pero aún estoy bien.

Después de un par de meses me trasladaron a Oswego. ¡Un choque cultural! Siempre estuve rodeado de presos jóvenes, casi 51 años. Ahora me pusieron con presos ancianos. Aunque tengo 64 años, aún pienso como joven. Aquí es más tranquilo, más pequeño, menos violento. Llevo unos meses y aún me estoy adaptando. Siempre extrañaré trabajar, pero me adaptaré. Me da tiempo para terminar este libro. También tengo otros proyectos. Quiero mejorar mi portafolio con cosas positivas. Estoy trabajando en temas legales con la esperanza de reducir mi condena algún día. Es mi única esperanza de salir.

He ido recibiendo pases de diez años. He recibido cuatro desde que estoy en Kansas, desde 1986. Nebraska solo me manda un papel avisando que me retienen otros diez años. La próxima audiencia es en 2026. Para entonces habré cumplido 58 años.

Creo que es suficiente tiempo para cualquiera, sin importar la circunstancia. Tengo poca esperanza o fe de ser liberado, pero aún deseo salir de aquí como entré. Si no salgo, es culpa mía y no quiero usar eso como excusa para los últimos años.

También trato de fortalecer mi espiritualidad. Leo la Palabra todos los días. Algunos días mi fe es más fuerte que nunca, otros lucho con ella. Nunca sabré a dónde me llevará el camino; este libro podría continuar y continuar.

Pero ya he dicho todo lo que puedo sin repetirme más. Ni siquiera sé si esto es un libro, solo son recuerdos de crecer en el sistema penitenciario. Si ayuda a alguien me alegrará. Si nadie se interesa, también estoy bien. Cualquiera puede terminar en uno de estos lugares. Familia, amigos, extraños, policías o políticos. Siempre es bueno tener conocimiento. Así se sobrevive mejor.

Me quedan dos capítulos: uno sobre la amistad en

prisión y otro sobre la religión en prisión.
Ambos significan mucho para mí.

Capítulo 15
La amistad

Los amigos en estos lugares rara vez son inexistentes. La gente dice ser compañeros, "road dogs," o como quieran llamarse. A mí me cuesta llamar a alguien hermano o compañero a menos que realmente lo sienta. Solo porque camines por el patio o hagas ejercicio con alguien no significa que sean familia.

La honestidad y la lealtad son dos de las cosas más importantes que busco en un amigo. Me cuesta mucho hacer amistades porque soy solitario. El amigo del que voy a hablar es una persona especial.

Se llama Noble Johnson. Llegué a Kansas desde Nebraska en 1987. Conozco a Noble desde hace más de treinta años. Pero no fue hasta que vivimos juntos que nos acercamos de verdad.

Somos totalmente diferentes. Él siempre es positivo y yo negativo. El primer año que vivimos juntos no nos comunicamos mucho. Pero con el tiempo nos fuimos sintiendo más cómodos. Empezó por comer juntos. Luego hicimos ejercicio juntos. Pronto hacíamos todo juntos. Incluso caminábamos por el patio juntos. Teníamos el mismo trabajo, aunque yo estaba en el turno de día y Noble en el de noche.

Fuimos a la universidad juntos. Eso fue muy divertido. Tomamos muchos cursos iguales. Dicen que "dos cerebros piensan mejor que uno." Por difíciles que fueran algunos cursos, necesitábamos apoyarnos el uno en el otro. El álgebra fue un verdadero reto para un par de viejos que no iban a la escuela desde hace años. A veces un problema nos tenía atorados por horas.

A Noble le encantaban las películas y a mí los deportes. Tenía una pequeña apuesta con handicap, y él llevaba las cuentas. Vivíamos bien. Un mayor del D.O.C. me dijo una vez: "No me importa si haces un poco de dinero, solo no intentes hacerte rico, o te meteré en la cárcel." Lo tomé como que, si no lo hacía frente a él, no se fijaría mucho. En realidad quería decir que sabía que en un lugar como este había hustles pequeños como manejar una tienda o hacer apuestas — esas cosas son parte de la vida en prisión. Pero hacerse rico aquí significaba vender droga o algo así. Ese era el mensaje.

No había nada que no hiciéramos juntos. Terminamos siendo compañeros de celda durante 17 años.

Eso debe ser un récord aquí. Después de que Noble cumplió 60 seguía en buena forma física. Había sido activo toda su vida. Luego comenzó a tener problemas en el cuello. El personal médico dijo que era solo por la edad. Pero si conocías a Noble, debía ser algo más serio.

Finalmente le hicieron una resonancia tras meses de entumecimiento y problemas de equilibrio. Lo remitieron a un doctor externo, quien ordenó cirugía de emergencia ese mismo día. El D.O.C. había dejado pasar tanto tiempo que su cuerpo estaba fallando. Noble fue diagnosticado con una hernia discal degenerativa en el cuello. Su sistema neurológico estaba descompensado. Si no se hubieran movido a tiempo, habría quedado paralizado.

Durante todo ese proceso Noble nunca se quejó. Siempre admiraré su valor. Tenía mucho coraje. Después de la cirugía, Noble tuvo mejor movilidad. Pero con esa condición nunca estaría al 100%. Aun así, estábamos contentos de que mejorara un poco y no empeorara.

Una hernia discal degenerativa es lo que parece. Y empeora con el tiempo. Fue duro para los dos, porque tuvimos que cambiar toda nuestra vida. Hicimos ejercicios suaves y tratamos de que Noble recuperara fuerza. No importaba su condición, le dije a él y a mí mismo que cuidaría de él pase lo que pase. Su amistad significaba mucho para mí. Habría dejado mi trabajo si fuera necesario.

Algunos días eran mejores que otros. Pero nos las arreglamos y seguimos disfrutando de la compañía mutua. Nada podía interrumpir eso mientras nos permitieran estar juntos.

Un día, tras 17 años lado a lado, dijeron que Noble tenía que mudarse a una nueva instalación llamada Oswego. Los requisitos para Oswego eran tener al menos 55 años, clasificación de baja a media custodia, y una condición médica que calificara.

Noble y yo siempre pensamos que, dado el tiempo que llevábamos, nos dejarían vivir juntos hasta que uno de los dos saliera. Pero nos separaron igual. Hombre, estar separado de mi mejor amigo fue devastador. Nunca pensé que me pondría tan mal. Quise transferirme cuando Noble lo hizo, pero no se pudo. En ese momento, los requisitos para Oswego eran diferentes. No aceptaban clasificación media-alta, que era la mía. Tampoco aceptaban convenios interestatales, que era mi caso. (Un convenio interestatal es un acuerdo de intercambio de presos entre estados).

Tuve que comunicarme con Noble por cartas de cualquier forma. No nos permiten escribirnos entre presos, así que tuve que buscar otros medios. Todavía tenía trabajo, así que me aseguraba que Noble recibiera dinero y correspondencia cada mes.

No había mucho que decir, pero enviar una tarjeta o una carta de una página le hacía saber que era un amigo verdadero que nunca olvidaría a su mejor amigo. Las amistades en estos lugares son raras, pero existen. Sabía que algún día estaría donde mi compañero, pero mientras tuviera trabajo y los requisitos para Oswego siguieran igual, tardaría en llegar.

La amistad puede convertirse en una relación más cercana que la familia, aunque no haya sangre.

Después de casi un año en El Dorado, el trabajo comenzó a mostrar señales de que podría acabar pronto. Me dije que la próxima vez que me dejaran sin trabajo haría mi movimiento para ir a Oswego con mi compañero Noble.

Finalmente llegó ese momento. No trabajaba en el taller desde hacía seis semanas, porque me habían dejado sin trabajo. Cuando me llamaron pensé que me ponían a trabajar otra vez. Entré a recibir mi asignación y número de máquina. Apenas llegué supe que algo no estaba bien. El supervisor dijo que seguía sin trabajo hasta que el trabajo aumentara.

Supe que los "ratas" del taller tuvieron algo que ver. Solo miré a ambos supervisores y me fui. Hombre, me sentí vacío. Después de 22 años en el trabajo, se acabó así nomás. Ni un gracias por todos esos años.

Fui a la oficina del Equipo de Unidad y pedí traslado a Oswego. Me preguntaron si estaba seguro. Dije que sí. Dijeron que nunca me habían despedido y que probablemente me llamarían cuando el trabajo aumentara. No había hecho nada para que me dejaran sin trabajo, así que pedí seguir adelante.

Muchos presos se ponen celosos por cualquier tontería, y esta fue una de esas situaciones. En fin, me pusieron en la lista para Oswego. Aún esperaba aprobación de personas más arriba.

Según las reglas, tenía que tener un trabajo estatal, así que me asignaron a la cocina principal. Al principio fue humillante. Después de tantos años trabajando en Impact con salario mínimo, fue un golpe duro. En ese momento, el salario mínimo era $8.00/hora, que era lo que ganaba en Impact. Los presos no tienen la protección de las leyes federales de salario mínimo, así que el estado decide cuánto pagan. Por el trabajo que hacía en la cocina me pagaban $0.25/hora. Veinticinco centavos por hora. Ahora trabajo por menos y muchas horas al día, seis días a la semana. Me pusieron en uno de los peores trabajos en la cocina, el cuarto de bandejas. Tenía 64 años y estaba fregando. La gente lanzaba bandejas por las ventanas, yendo a 90 millas por hora hacia el norte.

Pero tenía que aguantar si quería mantener mi récord limpio y llegar a Oswego con Noble. Si me hubiera rendido y buscado vengarme de los que creía que me dejaron fuera en Impact, nunca habría llegado a estar con mi amigo Noble. Si hubiera tomado la decisión equivocada en ese momento, habría vuelto a encierro total. Así que aguanté y me humillé.

Después de un par de meses, por fin me transfirieron a Oswego. Estaba ansioso por ver a Noble. Habían sido cinco largos años. Siempre mantuvimos contacto, pero no es lo mismo que estar con tu mejor amigo. El viaje de El Dorado a Oswego tomó un par de horas. Era un lugar pequeño — uno de los más pequeños en los que he estado. Tenía ventajas. Por ejemplo, la comida era mejor. La población carcelaria era de unas 250 personas, máximo. Todos tenían más de 50 años. Esto era muy diferente a cualquier otro lugar donde había estado.

Era un lugar tranquilo. He estado en prisiones con más de 2,000 presos, así que esto era un mundo nuevo. Aún era un poco ruidoso. Algo que he notado en prisiones a lo largo de los años es que son ruidosas y bulliciosas. La mayoría habla y no dice nada.

Por supuesto había soplones por todos lados. Algunos eran tan fríos que delataban delante de todos. La mayoría no quería ser enviado a El Dorado o a lugares más violentos, así que hacían lo que fuera para quedarse en un lugar más seguro.

Me gustó la paz aquí, pero extrañé algo de la acción de los otros lugares. Apenas vi a Noble le di un gran abrazo. Fue bueno verlo. En los cinco años separados había ganado algunas libras, pero por lo demás se veía igual. Es difícil formar amistades en estos lugares, así que cuando encuentras a alguien con quien estás cómodo, te apegas a esa persona.

Una verdadera amistad aquí es aquella que, cuando los tiempos se ponen difíciles, sigues estando ahí. No importa la situación, tú estás y él está. Bien o mal, estás ahí. A veces la cosa más simple puede causar una situación peligrosa. Siempre es bueno saber que alguien te respalda, pero es más que eso. La palabra más pequeña de consejo puede hacer la diferencia para sacar a alguien de un bache.

Nos enfrentamos a crisis en la calle que tenemos que manejar, como cualquier persona libre. Luego lidiamos con todas las tonterías aquí adentro, así que es bueno tener un compañero con quien siempre socializar. Créeme, hace toda la diferencia.

Soy solitario, así que siempre manejo los problemas solo. Noble es el mejor amigo que un tipo puede tener en un lugar así o en cualquier otro. Es igual todos los días. Siempre de buen humor, con actitud positiva. Espero que algún día Noble y yo tengamos suerte y salgamos en libertad condicional antes de que sea demasiado tarde. Cuarenta y cinco y cincuenta años en prisión es demasiado para cualquier persona. Pase lo que pase, ambos saldremos algún día o de alguna manera.

Ahora todo depende de cómo se mantenga nuestra salud. Nunca sabes aquí o fuera qué traerá cada día. Los últimos 22 años he trabajado duro. En realidad han sido 30 años. Ahora intento hacer algunas cosas para buscar mi libertad. He escrito a varias organizaciones para ver qué ofrecen en cuanto a reducción de condena o modificación de sentencia.

Estoy en un sistema de liberación diferente al de Noble, porque soy de Nebraska. La Junta de Revisión de Kansas tiene poder para liberar presos elegibles. Nebraska tiene un sistema distinto. Cuando tienes cadena perpetua o una larga condena tienes que obtener reducción de tiempo o mueres en prisión. El Gobernador, el Fiscal General y el Secretario de Estado deben aprobar un recorte de sentencia por unanimidad y debe ser recomendado por la junta de libertad condicional.

Después de terminar este libro dedicaré tiempo a trabajar por mi libertad como nunca antes. Al concluir este capítulo sobre la amistad en prisión, quiero agradecer especialmente a mi mejor amigo y hermano, Noble Johnson, por estar siempre ahí para mí, ya fuera que tuviera razón o no.

Bendigo a la amada esposa de Noble, Linda, que ahora está en el cielo, junto con sus hermanas, que están con Linda. Los padres de Noble fueron enterrados hace años, pero ellos también están en el cielo.

Gracias por todo, Noble. Te quiero, hermano.

Robert Clark

Capítulo 16
Disculpa a las víctimas y sus familias

A todas las víctimas a quienes lastimé física y mentalmente. Permítanme nombrar a aquellos que merecen mi disculpa por todo el horror que causé en sus vidas. Primero que nada, a todas las víctimas de mis crímenes, sus familias, y a toda mi familia y amigos. Y a Dios. Quiero pedir una disculpa sincera a todos.

Les pido al menos que me escuchen, y lo que decidan respetaré. No soy la misma persona hoy que la que fui cuando cometí estos crímenes.

Estoy lejos de ser perfecto. Sin duda, mi vida ha sido una lucha. No busco lástima, porque sé que lo que hice estuvo mal y fue malvado. Al leer este libro espero que al menos entiendan por qué hice algunas de las cosas tontas que hice. Sé que eso no es una excusa. Mi objetivo con este libro es ayudar a otros a evitar el camino que tomé. Puede ayudar a alguien a evitar una vida de miseria si eligen un camino diferente.

Tal como va mi vida, probablemente moriré en

prisión, lo cual probablemente merezco. Lo que puedo ofrecer para devolver algo es mi disculpa y mi intento de ayudar a los jóvenes. Nadie tiene la culpa sino yo. Esta pesadilla de la prisión seguirá viva. De eso no tengo duda.

Capítulo 17
Religión en la prisión

En una época de mi vida no podía creer en la religión porque mi entorno no me lo permitía. Siempre he sido católico. Incluso asistí a una escuela católica cuando era niño. Recuerdo que la Iglesia Católica ayudaba mucho a mi familia.

Veníamos de una familia pobre y con un padre en prisión, así que dependíamos de la iglesia para recibir ayuda, y la recibimos: comida, ropa y cosas para sobrevivir. Mi educación en la escuela católica no duró mucho debido a tantas mudanzas y desalojos. Cambiábamos de casa, apartamento y proyectos. Algunas mudanzas fueron por no poder pagar la renta.

Aprendí mucho de los católicos: el rosario, el catecismo, la confesión, la comunión, la misa y más. Pero luego de mudarnos, empecé a asistir a escuelas públicas y olvidé casi todo de la Iglesia Católica. Dejé de ir a misa, de rezar el rosario y de confesarme. Cuando comenzaron mis problemas, la iglesia quedó atrás.

Al principio en el correccional estatal, la asistencia a la iglesia era obligatoria, pero no era nada parecido a la Iglesia Católica. Mi espiritualidad era inexistente. Recuerdo que en la celda siempre había una Biblia, pero nunca la leí; usábamos sus páginas para armar cigarrillos. Sé que es triste, pero es la verdad.

A medida que envejecí, me alejé más del Señor. En esos tiempos, ir a la iglesia en prisión era visto como señal de debilidad. Pensaba "Creeré en Dios solo si puedo verlo." Nunca lo vi, así que para mí no existía. Pasé años en aislamiento.

Una noche, tras dos años en aislamiento, recé a Dios pidiendo una oportunidad para volver a la población general. Al día siguiente me sacaron de la celda y me llevaron a ver al subdirector. Esa semana me devolvieron a la población. Supe entonces, o al menos ahora sé, que Dios hizo un milagro en mi vida. Pero lo olvidé enseguida.

Cuando volví a la población, nada cambió. Seguía autodestruyéndome. Mi siguiente encuentro con Dios fue en los 80, en otra segregación. Allí conocí a la reverenda Angela Murphy, quien visitaba a muchos presos. Empezamos a escribirnos y, aunque al principio me ofendí por su Biblia, ella fue paciente y humilde. Hablamos, incluso discutimos porque yo la acusaba de esconderse tras la Biblia y ser insegura.

Nunca creí que no se iría, pero regresó, y nos hicimos grandes amigos. Me visitó cuatro años en Nebraska y seguimos escribiendo cuando me trasladaron a Kansas. Ella es cristiana, yo católico, así que tuvimos nuestras diferencias, pero somos amigos de por vida.

Mientras más le escribía, más curioso me volvía sobre la Biblia y la religión, aunque aún me frenaba con excusas. Vi a muchos cristianos en prisión con un brillo especial, pero pensaba que era solo fachada.

En Lansing, tras mucho tiempo, empecé a leer la Biblia ocasionalmente justo antes de que trasladaran a Noble a Oswego, mi mejor amigo. Le prometí seguir leyendo y volver a la iglesia, y lo hice. Fue difícil, pero mantuve mi palabra y mi espiritualidad creció.

Sin embargo, tuve un retroceso cuando el cura de mi iglesia me negó una recomendación para la junta de libertad condicional porque "nunca sonreía ni cantaba." Eso me hizo dejar la iglesia, aunque seguí orando y leyendo la Biblia.

Cuando me trasladaron a Oswego, junto con Noble decidimos volver a la iglesia. Hoy, cada mañana paso al menos treinta minutos con Dios. Voy a misa los jueves. A veces las escrituras me confunden, pero pido ayuda a Dios y Él responde.

Espero no desviarme ni perder la fe. Mi propósito con este libro es mostrar cómo es realmente la vida de un preso a largo plazo y ayudar a otros a evitar estos caminos.

También quiero que sepan qué significa pasar toda la infancia en instituciones. Las fantasías de libertad son un cuarto bonito con muebles, una cama grande y una ventana que se abre... Sin barrotes.

Mi realidad es una celda con barrotes, paredes y piso de concreto, un inodoro que suena como motor a reacción, y agua fría goteando del lavamanos.

Algunos días la prisión te destroza por dentro. Es bueno mantenerse firme y duro. Pero si lo haces demasiado tiempo, pierdes de vista quién eres realmente. Cada día puede alejarte más de ti mismo. Mi visión de la vida afuera es como un sueño. Me hace preguntarme si es realmente como la pintan.

Y a veces, cuánto deseo caminar libre, encontrar una vida, ver y hacer las cosas que hacen los demás. No sé si alguna vez seré libre, pero tal vez algún día la sociedad me dé la oportunidad de caminar entre ellos.

Si alguna vez salgo de aquí un hombre libre, espero que sea porque soy un hombre mejor y cambiado.

B. Clark
2019

www.ingramcontent.com/pod-product-compliance
Lightning Source LLC
Chambersburg PA
CBHW032034040426
42449CB00007B/891